HOLOCAUST ERINNERUNGEN VON HANK BRODT

EINE KERZE UND EIN VERSPRECHEN

DEBORAH DONNELLY

INHALT

Vorwort ix
Einleitung xi

1. Zeuge und Überlebender 1
2. Familie und Frühe Jahre 6
3. Die schwierige Entscheidung einer Mutter 12
4. Waisenhaus 15
5. Rückkehr nach Hause 21
6. Mein Verbrechen 25
7. Rückkehr der Nazis 27
8. Das Leben wird schlimmer 34
9. Die Intuition einer Mutter 48
10. Plaszow 51
11. Nummer 12891 56
12. Ein Tag in Plaszow 62
13. Kinder in Plaszow 64
14. Wieliczka 67
15. Die Front kommt näher 71
16. Reise nach Mauthausen 73
17. Arbeit macht Frei 77
18. Arbeit in Mauthausen 80
19. Melk 84
20. Arbeit unter Tage 89
21. Das Grauen geht weiter 93
22. Menschlichkeit hinter Stacheldraht 96
23. Unterhaltung mit einem Deutschen Offizier 99
24. Todesmarsch 101
25. Ebensee 104
26. Beginn des Endes 108
27. Das Leben geht weiter 113
28. Arbeit und Unterkunft 118
29. Die Vereinigten Staaten 123
30. Grüsse von Onkel Sam 126

31. Unser Leben, kurz zusammengefasst	129
32. Die Suche nach Familie	135
33. Marsch der Lebenden	142
34. Postskriptum	145
Danksagungen	161
Epilog	165
Fotos	173
Eine nette Bitte	183

ISBN 9789493231627 (eBook)

ISBN 9789493231610 (Taschenbuch)

Verlag: Amsterdam Publishers

Copyright Text © Deborah Donnelly, 2021

Cover: Victoria Eichenlaub

Titel der englischen Originalausgabe: *Hank Brodt Holocaust Memoirs – A Candle and a Promise*

Übersetzt von Antonia Zimmermann

Holocaust Überlebende erzählen 1:

Aufschrei gegen das Vergessen. Erinnerungen an den Holocaust von Manny Steinberg

Holocaust Überlebende erzählen 2:

Tote Jahre. Eine jüdische Leidensgeschichte von Joseph Schupack

Holocaust Überlebende erzählen 3:

Holocaust Erinnerungen von Hank Brodt. Eine Kerze und ein Versprechen von Deborah Donnelly

Bildnachweis. In Bezug auf die Bilder des United States Holocaust Memorial Museums gilt folgende Aussage: Die Ansichten oder Meinungen, welche in diesem Buch zum Ausdruck kommen, und der Kontext, in welchem die Bilder verwendet werden, widerspiegeln nicht unbedingt die Ansichten oder Grundsätze, noch implizieren sie die Zustimmung oder Billigung, des United States Holocaust Memorial Museums.

Alle Rechte vorbehalten. Kein Teil dieser Veröffentlichung darf reproduziert oder in irgendeiner Form oder in irgendeiner Weise, elektronisch oder mechanisch, einschließlich Fotoabbildungen, Filmaufzeichnungen oder andere Informationsspeicher- und Abrufsysteme, ohne vorherige Genehmigung des Verlages, in jeglicher Form oder auf irgendeine Weise, elektronisch oder mechanisch, weitergegeben werden.

„Gibt es Hoffnung?

Liegt Hoffnung in Erinnerung?

Es muss so sein.

Ohne Hoffnung wäre die Erinnerung morbide und steril.

Ohne Erinnerung würde Hoffnung bedeutungslos sein und vor allem ohne Dankbarkeit."

Eli Wiesel, 2002

VORWORT

Was unterscheidet dieses Memoire von anderen Erinnerungen an den Holocaust? Die Antwort ist komplex und einfach zugleich.

Diese Erinnerungen handeln nicht davon, wie es ist das Opfer zu sein, obwohl es in dieser Geschichte sehr viele Opfer gibt. Diese Erinnerungen handeln nicht von den abscheulichen Taten der Nazis und den Verlust der Millionen von Seelen, sondern eher von den Lehren, welche zukünftige Generationen aus diesen ziehen können. Diese Erinnerungen handeln nicht vom Überleben, doch haben sie mit dem Überleben zu tun. Diese Erinnerungen handeln nicht von einem verlorenen, sondern von einem gewonnen Leben, einem neugefundenen Leben mit einer Bestimmung. Diese Erinnerungen handeln nicht von der Vergangenheit, sondern von der Zukunft. Diese Erinnerungen handeln nicht vom Tod, sondern vom Leben. Dieses Buch handelt nicht von gestern, sondern von morgen.

Es gab viel zu viele Holocausts in der turbulenten Geschichte der Menschheit. Diejenigen, welche den Schrecken eines Holocaust überlebten, tragen für immer die körperlichen und seelischen Narben mit sich; und auch die Erinnerungen daran wie Familien und Freunde Unaussprechlichem ausgesetzt wurden nur weil „sie waren, wer sie waren." Der Schmerz und die Erinnerungen dieser Erlebnisse werden nie vergehen.

Doch der Wille zu überleben wird, inmitten all des Grauens und unaussprechlicher Verbrechen, zu der Mission zu lernen, zu lehren und die Zukunft zu verändern. Das Gelernte entwickelt sich zu Bekenntnissen der Selbstbehauptung, zu Verneinung von Tyrannei und vor allem zu einem tiefen Glauben, dass die angeborene Güte des Menschen über das Böse triumphiert, welche Form es auch immer annehmen mag.

Diese Holocaust-Erinnerungen handeln von Wiedergeburt; sie handeln davon wie man die Vergangenheit, unabhängig davon wie schrecklich und schmerzhaft sie war, als Springbrett benutzen kann, um die Menschheit besser zu machen. Sie handeln von einem gebrochenen Schweigen.

Dr. Howard B. Schechter, Ehemaliger Schulleiter, John A. Forrest School, Fair Lawn, New Jersey; Schulleiter, P.S. 158, New York, New York, Literaturwissenschaftler und Historiker

EINLEITUNG

Mein Vater, Hank Brodt (geboren als Henek Brodt in Boryslaw, Polen, 1925), besiegte seine Entführer nicht, indem er überlebte. Er besiegte sie, indem er lebte. Dies ist nicht die Geschichte eines Mannes, der überlebte, sondern die eines Mannes, der lebte.

Für viele Jahre schwieg mein Vater. In aller Stille litt er unter den Erinnerungen dessen was er hatte sehen und erleben müssen, zusammen mit einem überwältigenden Gefühl der Hilflosigkeit. Als Holocaust-Überlebender ist alles was er sah und erlebte, wie die Entmenschlichung, Demoralisierung und der Tod seiner jüdischen Familie und Freunde, während die ganze Welt ihnen scheinbar den Rücken zukehrte, unvorstellbar. Für viele Jahre behielt mein Vater seine Geschichte für sich. Nur selten und nur mit ein paar Vertrauten teilte er einzelne Informationen. Es waren winzige Fragmente seiner Geschichte.

Und dann begann mein Vater eines Tages seine Geschichte zu teilen. Seine Stimme zitterte, als er begann von den Schrecken, die Teil seines Lebens waren, zu berichten. Mit einer zögerlichen, doch entschlossenen Stimme, brach er sein jahrelanges Schweigen und teilte das Erlebte. Nun ist seine Stimme meine Stimme, welche von einem gut gelebten Leben erzählt, trotz der traumatischen Erlebnisse in seiner Jugend.

In diesen Erinnerungen geht es um seine Lebensgeschichte. Oft sagte er, dass ich zu jung wäre, um zu verstehen. Jetzt bin ich erwachsen, Psychiaterin, Expertin auf dem Gebiet von traumatischem Stress, und verstehe es immer noch nicht. Mithilfe seines neuen Rabbis begriff mein Vater, dass die Zeit nicht stehen blieb, während er älter wurde. Nach ein paar Anstößen brach er sein Schweigen und war bereit, die Schrecken zu teilen, die er nie hatte abschütteln können. Manche Menschen leugnen, dass der Holocaust je stattgefunden hat. Darum wollte mein Vater, dass ich die Vorurteile, denen er begegnete, aufschreibe und der Hass wurde während des Schreibens tödlich.

Ich werde den Anruf nie vergessen, bei welchem mein Vater sagte: „Ich habe entschlossen, dich mein Buch schreiben zu lassen." Ich machte Pläne, um ihn in North Carolina zu besuchen, um Informationen zu sammeln. Während zahlloser Besuche und Telefongespräche, fragte ich, was ich mich noch nie zuvor getraut hatte zu fragen. Er bevorzugte es, die Gespräche nicht aufzuzeichnen und so saßen wir. Mit Stift und Papier in der Hand unterhielten wir uns.

Mit Sensibilität und meinen vierunddreißig Jahren Erfahrung als Psychiaterin mit dem Fokus auf Trauma überwachte ich unsere Gespräche sorgfältig, während ich gleichzeitig den Ton und die Körpersprache meines Vaters beobachtete. Ich wollte nicht, dass dieses Projekt ihn übermäßig stresse. Häufig pausierten wir, um uns im Hier und Jetzt wiederfinden zu können. Zuvor hatte mein Vater mir seine Aufzeichnung aus dem Shoah Projekt gegeben und Tonbandaufnahmen früherer Interviews, doch all diese Medien konnten mich nicht auf das vorbereiten, was ich im Inbegriff war zu hören. Diese Interviews waren steril. Sie berührten kaum die Oberfläche, anders als diese Geschichte hier. Dennoch halfen sie mir Daten und Orte zuzuordnen.

Mein Vater ist viel mehr als ein Holocaust-Überlebender in unseren Augen. Es ist meine Hoffnung, dass Sie dies trotz der Erfahrungen in seiner Jugend und trotz dem Schrecken, den er durch die Nazis erleiden musste, auch sehen können; dass Sie sehen, dass er mehr als nur überlebt hat, dass er das Leben willkommen hieß und in der Lage war zu lächeln, zu lachen und zu tanzen.

Hank Brodt an seinem 90. Geburtstag im Kreise seiner Familie (Dezember 2015)

1

ZEUGE UND ÜBERLEBENDER

„In Hamlet stellt sich Shakespeares verzweifelter, junger Protagonist die ultimative Frage: Sein oder nicht sein. Doch es gibt andere Fragen, die manche von uns sich stellen müssen. Die Frage, welche ich mir täglich stelle, lautet zum Beispiel: Erinnern oder vergessen? Als ich kaum mehr als ein Kind war, konnte ich nicht zu Schule gehen, mit Freunden spielen oder meinen Glauben ausleben. Stattdessen war ich ein Gefangener, der jeden Tag sechzehn bis achtzehn Stunden lang schuften musste."

Dies waren meine einleitenden Worte, als ich zum ersten Mal vor einer Gruppe über meine Erlebnisse während des Holocausts sprach. Das muss 1973 gewesen sein. Ich war nervös, als ich zu dieser jüdischen Jugendgruppe sprach. Meine jüngste Tochter, Deborah, war Mitglied der United Synagoge Youth, die noch nie einen Überlebenden bei sich gehabt hatte, um über die Hölle zu sprechen, die Teil seines früheren Lebens war. Ich hatte mich immer bemüht meine Kinder vor diesem Teil von mir zu beschützen. Ich wollte, dass meine Töchter in einer Welt aufwuchsen, die sie für sicher hielten und in der sie einer positiven Zukunft entgegensahen. Ich wollte, dass sie unschuldig aufwuchsen, ohne zu wissen, dass Menschen so grausam zu einander sein können. Gleichzeitig wollte ich mich selbst vor einer Vergangenheit beschützen, die – und das ist sie noch immer—zu schmerzvoll ist, um sie in Worte zu fassen. Eines Tages fragte mich meine jüngste Tochter, sie konnte damals nicht älter als sechs Jahre alt gewesen sein, wieso sie nicht zwei Omas hätte. Was antwortet man einem so kleinen Kind?

Ich habe mich dazu entschlossen, dass meine Erfahrungen nach meinem Tod nicht mit mir beerdigt werden sollen. Die Art der Last auf mir hat sich verändert. Es sind nicht mehr meine Kinder oder mein eigener Verstand, den ich schützen muss, sondern die Wahrheit dessen, was passiert ist, die Realität des Leides, welche so viele erleben mussten und das unaussprechliche Verbrechen, welches der Holocaust war.

2007 organisierte Rabbi Fred Guttman, dass ich während der Holocaust-Gedenkgottesdienste in Birkenau, dem Standort eines Konzentrationslagers, eine der sechs Kerzen anzünden durfte, welche an die, die starben, erinnern. Als ich meine Kerze anzündete, sprach ich ein stilles Gebet für diejenigen, die umkamen und es nicht selbst sprechen konnten. Unter jenen Menschen waren meine Mutter, meine Schwestern und deren Kinder. Sie alle wurden Opfer von Hitler und seiner Endlösung. Ich versprach ihnen allen und meinem Bruder, den ich im Kampf gegen die Nazis gestorben glaubte, dass ich immer bereit sein würde, um zu reden.

Ich habe jetzt meinen 90. Geburtstag gefeiert und muss gestehen, dass ich alt werde und dass viele meiner Freunde, die auch Überlebende waren, bereits verstorben sind. Ich fühle mich verpflichtet, für jene zu sprechen, die nicht die Chance hatten, es für sich selbst zu tun. Sie wurden auf sadistische Weise zum Schweigen gebracht. Ihr Verbrechen war ihr Glauben oder dass sie nicht zu der Herrenrasse gehörten. Im Wesentlichen habe ich also die Antwort auf die Frage gefunden, welche mich seit Jahrzehnten verfolgt: Erinnern oder vergessen? Ich muss mich erinnern und meine Geschichte teilen, um sicherzugehen, dass niemand vergisst.

Ich widme eine Kerze und ein Versprechen den sechs Millionen Juden, die ermordet worden, sowie unzähligen anderen Millionen, die unter Hitlers Regime starben. Ich schließe hiermit auch alle Überlebenden ein, die ihre Erinnerungen der Selbsterhaltung wegen wegschlossen und nicht in der Lage waren, ihre Geschichten zu erzählen. Für die meisten von uns waren die Nachkriegsjahre bestenfalls schwierig und schmerzhaft.

Ich spreche in Demut für euch alle, damit die Welt niemals vergisst. Ich möchte dieses Buch auch allen Militärangehörigen widmen, die sich selbst in Gefahr brachten, um die Nazis davon abzuhalten, jene zu ermorden, die als nicht lebenswert gesehen wurden, und die verhinderten, dass Hitler in die Vereinigten Staaten kam.

Auf einer persönlichen Ebene widme ich dieses Buch meinen Töchtern, Evy und Deb, da meine Erinnerungen ein großer Teil unserer Familiengeschichte sind. Ich danke Rabbi Guttman dafür, dass er mir half meine Stimme zu finden.

Trotz allem habe ich nie meinem Glauben an G-tt verloren. Meine Beziehung zu G-tt ist privat. Ich bin mir nicht sicher, ob ich den Nazis vergeben kann, was sie getan haben. Doch ich werde es ganz sicher niemals vergessen.

Wie mit allen unmöglichen Fragen gibt es für manche einfach keine Antworten. Es liegt nun sieben Jahrzehnte zurück und noch immer ringen Menschen darum, zu begreifen, was passiert ist, was die vollen Ausmaße der Schrecken des Holocaust waren, das unvorstellbare Böse, die Geschichten und Bilder, die schließlich zum Vorschein kamen und die Welt schockierten. Vielleicht ist es daher nicht überraschend, dass es noch immer jene gibt, die leugnen, dass der Holocaust je stattgefunden hat. Selbst angesichts unbestreitbarer Beweise ist das Ausmaß für manche zu viel, um es zu begreifen. Doch er hat stattgefunden. Er war real und in den folgenden Seiten, möchte ich das tun, was ich für viele Jahre nicht konnte: meine Geschichte teilen. Ich hatte sie in den Tiefen meines Gedächtnisses vergraben und weggeschlossen, um meine Lieben zu beschützen.

Wenn ich mich jetzt umschaue und sehe, dass wir die Lektion von Genozid und Hass nicht gelernt haben, verstehe ich, dass die Welt jede Erinnerung an die Vergangenheit nötig hat. Es ist aus diesem Grund, mehr als aus jedem anderen, dass ich mein Schweigen von Trauer und Schrecken breche. Ich fühle, dass es wichtig ist, dass Kinder lernen, dass es in Ordnung ist anders zu sein und eine andere Religion oder eine andere ethnische Zugehörigkeit zu haben. Wir sind alle Menschen.

So wahr G-tt mir helfe, ist alles was ich sagen werde die ganze Wahrheit und nichts als die Wahrheit. Ich gab ein stilles Versprechen, als die Flamme der Kerze der Erinnerung zum Himmel empor loderte und festigte mein Gelöbnis für euch zu sprechen.

Präsentation am ForsythTech in Winston-Salem, NC
(Dezember 2015)

2

FAMILIE UND FRÜHE JAHRE

Es ist für mich nicht schwierig die wunderschön grünen Augen meiner Mutter in ihrem hageren Gesicht vor mir zu sehen, wenn ich meine Augen schließe. Ich kann noch immer ihre Stimme hören, die mir sagt, ich solle nach draußen gehen und mit meinen Freunden spielen. Selbst mit sechs Jahren, noch sechs Monate vor meinem 7. Geburtstag, half ich meiner Mutter mit der Hausarbeit in unserem zwei Schlafzimmerhaus in Boryslaw, der polnischen Stadt in welcher ich geboren wurde.[1] Es war eine Art kleines Haus, wie man es von einer sehr armen Familie erwartete, doch meine Mutter achtete akribisch darauf, dass es sauber blieb.

Es gab ein paar Bilder, die im Haus verteilt waren—Fotos von meinem Vater, meinem Bruder, meiner Schwester und von mir selbst. Ich war das Jüngste von drei Kindern. Mein Bruder Simcha war sieben Jahre älter als ich und meine schöne, liebe Schwester, Faiga, war elf Jahre älter. Meine Mutter war verwitwet.

Ich erinnere mich nicht an meinen Vater. Er starb als ich gerade einmal acht Monate alt war. Er hatte drei Töchter aus seiner ersten Ehe: Frieda, Yetta und Doris. Leider habe ich nur zwei meiner Halbschwestern je getroffen. Viele Jahre dachte ich, dass sie meine Tanten seien. Erst als ich etwas älter war, klärte Simcha mich über meine Verwandtschaft zu ihnen auf.

Simcha war als der Gelehrte bekannt. Er schloss die Schule ab und besuchte mithilfe einer Art Stipendium die Universität. Als exzellenter Student, ohne die finanziellen Mittel, wurde sein Studium durch die jüdische Kulturgruppe von Boryslaw und Drohobycz finanziert.[2] Nach seinem Abschluss hatte Simcha eine Stelle in der Alkoholabteilung der polnischen Regierung inne.

Faiga war eine natürliche Schönheit. Nach dem Schulabschluss wollte sie Kosmetikerin werden. Sie war eine Auszubildende in einer Art Schönheitssalon. Während sie ihr Handwerk lernte, musste sie Kost und Loge in dem Haus des Besitzers des Schönheitssalons zahlen. Es war eine schwierige Zeit für sie. Nicht nur musste sie in dem Salon arbeiten, sondern auch noch genug zusätzliches Geld zusammenbekommen, um für ihre Ausbildung und die Lebenshaltungskosten aufzukommen.

Meine Mutter tat alles, um unsere Familie zu unterstützen. Als Faiga das Haus verließ, um ihre Träume, Kosmetikerin zu werden, zu verwirklichen und mehrere Kilometer entfernt lebte, wurde unser bereits mageres Einkommen noch kleiner. Simcha lebte ebenfalls außerhalb des Familienhauses. Die finanzielle Situation der Familie, die bestenfalls schon immer angespannt gewesen war, wurde immer und immer schlimmer.

Meine Mutter war liebevoll und arbeitete sehr hart. Es war damals für eine Witwe nicht leicht Geld zu verdienen. Es gab keine Auszahlung einer Lebensversicherung, als mein Vater bei einem Arbeitsunfall auf tragische Weise ums Leben kam und unsere Familie emotional und finanziell am Boden zerstört zurückließ. Um Essen auf den Tisch zu bringen, tat unsere Mutter alles was sie konnte. Sie hatte mehrere Gelegenheitsarbeiten und tat alles, was zumindest ein wenig Geld einbrachte. Sie kochte Abendessen an Sabbat für wohlhabendere Familien, backte für nichtjüdische Familien an deren Feiertagen, bügelte, und kümmerte sich um Kranke mit mechanischen Blutegeln.[3]

Ihrer medizinischen Kenntnisse zum Trotz war meine Mutter keine gesunde Frau. Sie hinkte, wirkte immer müde und sah schlecht. Sie wurde an den Augen operiert, doch die als erfolgreich angesehene Operation tat ihrer ohnehin bereits schlechten Sicht eher Schaden, als Gutes. Ihre Gesundheit war ein immerwährender Kampf, dem sie sich tapfer stellte, obwohl sie mit jedem Jahr, das verstrich, weiter an Boden verlor.

Trotz unserer finanziellen Probleme lebten wir in einem konservativen, koscheren Zuhause. Wir gingen jeden Sabbat in die Synagoge. Wir feierten die Festtage, indem wir die Dienste besuchten und obwohl wir es uns nicht leisten konnten, aufwändige Mahlzeiten als Teil unserer Feiertage zuzubereiten, kamen immer herrliche Düfte aus der Küche—meine Mutter war äußerst kreativ. Samstag war ein Ruhetag. Wir verrichteten keine Arbeit an einem Sabbat. Es wurde nicht geschrieben oder Transportmittel genutzt. Wir blieben in der Ausübung unseres Glaubens standhaft.

Koscher sein ist nicht leicht. Heute ist es nicht ungewöhnlich, dass eine praktizierende Familie ein Minimum von vier Geschirrsets besitzt: eines für Molkereiprodukte, eines für

Fleisch und zwei für Passah. Manch koscheres Haus hat sogar zwei Waschbecken. Wir hatten nicht den Luxus einer solchen Anzahl von Geschirr. Wir schätzten uns glücklich ein einziges Geschirrset zu besitzen. Dieselben Teller wurden für Molkereiprodukte, Fleisch und Passah verwendet.

Wir waren stolz auf unsere Religion und Traditionen. Wir waren stolz, ein Teil der starken, jüdischen Gemeinschaft zu sein. Das Kulturzentrum von Boryslaw und Drohobycz war ein essenzieller Teil meines Familienlebens. Antisemitismus existierte und wir nahmen ihn sehr bewusst wahr, doch nichts konnte uns auf den Hass und die Verbrechen, die bald passieren würden, vorbereiten.

Als ich in Boryslaw lebte, bestand die Bevölkerung der Stadt, und der Städte in der Umgebung, aus Polen und Ukrainern. Weder die Polen noch die Ukrainer waren uns Juden je freundlich gesinnt.

---

1. Laut der *Encyclopedia Judaica Virtual Jewish History*, ist Boryslaw, heute Teil der Ukraine, eine geschichtsträchtige Stadt. Gegen Ende des 19. Jahrhunderts wurde es auch als das ‚Kalifornien von Galizien' bezeichnet. Während der Goldenen Zwanziger stellte Boryslaw fünfundsiebzig Prozent des Öls, welches in Polen verwendet wurde, zur Verfügung. Ein Großteil der Ölindustrie basierte auf der harten Arbeit von Juden. In der Nachbarstadt Drohobycz befanden sich die Ölfabriken. Bis zu 3.000 Juden aus Boryslaw und den umliegenden Gemeinden verdienten ihren Lebensunterhalt mit verschiedenen Arbeiten in der Ölindustrie. Im Rahmen der Modernisierung dieser Industrie, ersetzten größere Unternehmen mit Zugang zu mehr Geld die jüdische Arbeit, obwohl einige Ölquellen noch im Besitz von Juden blieben. Daraus resultierend, fühlte sich das jüdische Volk in dieser Region Galiziens heimisch. Sie bestritten ihren Lebensunterhalt und hatten Kultstätten. Darüber hinaus schlossen sich die jüdischen Gemeinden von Boryslaw und Drohobycz zusammen und gründeten ein kulturelles und religiöses Zentrum.
    Der sozioökonomische Status war von Familie zu Familie unterschiedlich. Zur Zeit des Ölaufschwungs schwankte die Größe der

jüdischen Bevölkerung, während man 1939 mehr als 13.000 Juden in Boryslaw zählte. Einige Untersuchungen (Jewish Virtual) geben die Größe der jüdischen Bevölkerung, kurz vor dem Ausbruch des Zweiten Weltkrieges als 15.000 Menschen, an. Laut der Organisation von Drohobycz, Boryslaw und der Umgebung zählte die Region nach dem Zweiten Weltkrieg ungefähr zweihundert Überlebende. Ganze Familien wurden ausgelöscht. Und dies war nur ein Teil des Schreckens, der überall in Europa geschah, als die Nazis sechs Millionen Juden systematisch ermordeten. Der Holocaust wird immer als eines der dunkelsten Kapitel der Menschheitsgeschichte angesehen werden. Eine meiner häufig gestellten Fragen betrifft die Größe und Auswirkungen der von Hitler und seinem Regime ermordeten Millionen: Was ist, wenn die Heilung für Krebs, Lupus, Diabetes und andere Krankheiten von einem der Opfer hätte entdeckt werden können? Dies ist nur eine von der endlosen Anzahl verrückter Fragen, für die wir nie eine Antwort haben werden.

2. Für diese Veröffentlichung konsultierte Quellen:
Jewish Virtual Library, www.jewishvirtuallibrary.org, ein Projekt des Amerikanisch-Israelischen Cooperative Enterprise, am 08.02.2016 konsultiert.

Yad Vashem. The World Holocaust Remembrance Center, www.yadvashem.org am 18.03.2016 konsultiert.

Jewish GenFamily Finder on Boryslaw Drohobycz Administration District www.JewishGen.org/jgff, Februar 2015-Juli 2016 konsultiert.

Organisation von Drohobycz, Boryslaw und der Umgebung für Überlebende und deren Nachkommen, www.drohobycz-boryslaw.org/organization am 16.07.2016 konsultiert.

United States Holocaust Memorial Museum, www.ushmm.org.

Brief History of the Jews of Drohobycz and Boryslaw von William Fern für das Wiedersehenstreffen Drohobycz-Boryslaw, am 03.-05.05.1985 im Pines Hotel in South Fallsburg, zusammengetragen, NY Holocaust Research Project – Holocaust Education and Archive Research Team – Plaszow, Mauthausen Concentration Camps www. holocaustresearchproject.org.

Steven Spielberg Shoah Project, Hank Brodts Interview DVD, Besitz des Autors.

USC Shoah Foundation sfi.usc.edu.

World War II preisgekrönte Dokumentation von Frank Capra, ausgestrahlt durch Madacy Entertainment Group, 1997.

3. Dies war eine einzigartige Fähigkeit. Einem modernen Leser, der das Glück hat, dass ihm Antibiotika und Medizin zur Verfügung stehen, um eine Vielzahl von Krankheiten zu heilen, mag diese Praxis grotesk erscheinen. In jenen Tagen wurden Blutegel auf den Körper gelegt, damit diese sich an dem Blut ernähren konnten. Zusammen mit dem Blut kamen die Bakterien oder Gifte heraus, welche die Krankheiten verursachten. Das mechanische Blutegel funktionierte auf ähnliche Weise. Lebende Blutegel wurden nicht verwendet. Stattdessen brachte das mechanische Blutegel die schädlichen

Gifte an die Oberfläche der Haut. Somit reinigte es den Körper von Krankheitsverursachern. Mechanische Blutegel werden heutzutage noch immer an einigen Orten verwendet.

3

DIE SCHWIERIGE ENTSCHEIDUNG EINER MUTTER

Selbst als Sechsjähriger bemerkte ich die tiefgreifende Veränderung in meiner Mutter, nachdem Faiga und Simcha ausgezogen waren. Ich verstand die veränderte Stimmung in unserem Zuhause nicht. Wenn ich versuchte zu schlafen, hörte ich meine Mutter weinend durch das Haus gehen. Ich tat alles, um sie glücklich zu machen und verstand daher ihre Tränen nicht. Im Haus half ich ihr nicht nur, ohne Aufforderung, sondern folgte auch jeder Anweisung, die sie mir gab. Also warum weinte sie? Was stimmte nicht?

Eines Tages sagte sie mir, ich solle spielen gehen. Oh! Ich ging, ohne etwas Ungewöhnliches zu erwarten. Als ich die Tür öffnete, sah ich unseren Rabbi und einen anderen, gut gekleideten Mann vor dem Haus stehen. Ich grüßte höflich und meine Mutter bat sie in unser Haus.

Draußen waren meine besten Freunde: Joseph, Juhuda und Abe. Joseph wohnte nebenan. Zu diesem Zeitpunkt freuten meine Freunde und ich uns, die Schule in Boryslaw besuchen zu können. Ich konnte es kaum abwarten, Lesen und Rechnen und einen Beruf zu erlernen, um meiner Mutter helfen zu können.

Als ich auf meine Freunde zuging, spielte Joseph mir einen Ball zu, der vielleicht doppelt so groß wie ein Tennisball war. Wir spielten etwas, das an Fußball erinnerte; schossen den Ball hin und zurück, lachten und hatten Spaß. Dann sah ich etwas Seltsames: Simcha und Faiga liefen an uns vorbei, ohne mir Beachtung zu schenken. Nun das ist seltsam, dachte ich. Simcha würde immer bei etwas, das Spaß machte, mitmischen und Faige würde anhalten und ihre Arme um mich schlingen, immer darüber glücklich mich zu sehen. Aus irgendeinem Grund schienen sie in Eile zu sein. Wir setzen unsere Art des Fußballspielens fort, bis meine Mutter meinen Namen rief. Ihre Stimme war schwach und hohl und als ich das Haus betrat, sah ich, dass sie geweint hatte. Wir setzen uns, um zu essen, doch Faiga sah eigenartig aus, anders als ich sie je gesehen hatte. Ihren schönen, grünen Augen fehlte ihr gewöhnlicher Glanz. Es war beunruhigend, sie so zu sehen.

Meine Mutter hatte eines meiner Lieblingsessen gekocht. Es war dem ähnlich, was wir Nudeln nennen, doch viel dicker und gebacken. Etwas Butter, die selten in unserem Haushalt geworden war, machte das Gericht noch besser. Es war still, als wir aßen; ein Umstand, der unserer Mahlzeit eine trübselige Note verlieh. Eine fühlbare Spannung lag in der Luft, die ich damals nicht verstand, obwohl ich sie heute sehr wohl verstehe. Was ich nicht wusste, nicht hatte wissen oder verstehen können, war, dass meine Mutter, unser Rabbi, der andere Mann wie auch meine Geschwister sich über mich unterhalten hatten, ohne dass ich anwesend gewesen war. Doch über was genau hatten sie gesprochen?

Nachdem wir unser Essen beendet und alles aufgeräumt hatten, umarmte meine Mutter mich, als wäre es das letzte Mal. Ich denke, auf eine Art und Weise war es das auch. Sie sagte mir, dass ich weggehen und in einem jüdischen Haus für Kinder leben würde. Sie schickte mich in ein Waisenhaus! Ich würde die Schule in Drohobycz besuchen und derweil in dem Waisenhaus wohnen. Viele jüdische Familien, in denen ein Elternteil verstorben war oder in denen ein Kind verwaist war, machten von dieser Art von 'Sozialdienst' Gebrauch. Selbst Familien, die einfach zu arm waren, um sich um die eigenen Kinder zu kümmern, schickten sie dorthin. Was für eine andere Wahl hatten sie denn?

Das Waisenhaus stand unter der Schirmherrschaft des jüdischen Kulturzentrums. Selbst in den schlimmsten Umständen, versuchte die jüdische Bevölkerung noch, sich um einander zu kümmern. Meine arme Mutter konnte nicht mit weinen aufhören. Sie war untröstlich, doch sie fühlte nicht, dass sie eine andere Wahl hatte. Sie versicherte mir, dass sie mich liebte und wollte, dass gut für mich gesorgt war. Ich brauchte Essen, ein Dach über dem Kopf und eine Schulbildung. Mein Bruder und meine Schwestern kamen beide, um mir eine Umarmung zu geben und um mir zu sagen, wie sehr sie mich liebten. Faiga bat mich nicht zu weinen, da es ohnehin bereits sehr schmerzhaft für unsere Mama war. Stellen Sie sich vor, dass eine Mutter eine solche Entscheidung treffen muss. Das jüdische Kulturzentrum war ein sozialer Dienst, doch beließ Kinder nicht in ihren Familieneinheiten. Ich hatte keine andere Wahl, außer es zu akzeptieren. Ich würde bald mein Zuhause verlassen, zusammen mit allem und jedem, den ich kannte und liebte.

4

WAISENHAUS

Ich fürchte, dass ich mich nicht an sehr viel aus dieser Zeit meines Lebens erinnern kann. Aus der eigenen Familie genommen zu werden, ist ein Trauma, das leicht die Erinnerungen verzerren kann. Ich denke, es kommt nicht überraschend, dass die Details aus meinem Leben im Waisenhaus entweder verschwommen oder komplett verloren sind, besonders wenn man mein junges Alter und die Schrecken des Holocaust, die mir noch bevorstanden, in Betracht zieht.

Ich erinnere mich sehr lebhaft an Heimweh und wie ich meine Mutter vermisste. Ich fühlte mich komplett im Stich gelassen. Die Regeln des Waisenhauses waren äußerst strikt und jeder noch so kleine Verstoß zog körperliche Züchtigung nach sich. Wir hatten täglich Arbeiten im Haus zu erledigen und mussten unsere Schlafplätze makellos halten. Ich schlief in einem großen Raum, wo die Betten in Reihen standen. Wir nahmen unsere Mahlzeiten in einem großen Speisesaal ein. Innerhalb des Waisenhauses war auch die Synagoge untergebracht. Diese Synagoge war ein aktiver Teil der jüdischen Gemeinschaft und wurde von Mitgliedern, die auch halfen, das Waisenhaus zu unterstützen, besucht. Jeden Morgen gingen wir in den Altarraum und beteten. Der Sabbat war keine Ausnahme; der größte Teil des Samstags wurde in Hingabe an G-tt verbracht.

Mein Wunsch wurde endlich erfüllt und ich begann eine Schule zu besuchen, die Adam-Mickiewicz-Schule in Drohobycz. Ich liebte es zu lernen. Es war in dieser Schule, wo ich zum ersten Mal Antisemitismus begegnete. Heutzutage gibt es regelmäßig Schlagzeilen über Mobbing an unseren Schulen. Ich kann Ihnen erzählen, dass Mobbing nichts Neues ist. In Drohobycz während der 1930er war es jedenfalls alltäglich. Ich war jüdisch und lebte in einem Waisenhaus. Wir waren die Hauptziele jüdischer und nichtjüdischer Kinder gleichermaßen. Zurückschlagen schien nicht die Antwort zu sein. Zumindest half es nicht, die Mobber von ihrem Verhalten abzubringen. Dennoch hatten wir manchmal keine andere Wahl.

In der Nähe der Adam-Mickiewicz-Schule befand sich eine ukrainische Privatschule, die für eine typische Bildung, welche mit Kultur zu tun hatte, und Religion zuständig zu sein schien. Die Schüler von dort verspotteten und griffen eines der Kinder aus dem Waisenhaus beinahe an. Obwohl wir uns untereinander stritten, waren wir eins, wenn es darum ging, einen von uns zu verteidigen. Oft spielten sich Szenen ab, die an den Film West Side Story erinnern. Unsere Brüder und Schwestern vor physischen und emotionalen Misshandlungen zu schützen, lief leider auf körperliche Bestrafungen durch unsere Betreuer am Ende des Tages hinaus. Ich habe immer danach geglaubt, dass eine Familie einander beschützt. Wir waren im Wesentlichen eine Familie, zusammengebracht durch unsere einzigartigen Umstände. Den körperlichen Bestrafungen hatten wir nichts entgegenzusetzen, wir konnten nur lernen sie zu akzeptieren und zu ertragen. Ich würde immer versuchen gegen Mobbing zu kämpfen.

Glücklicherweise gab es einige Erfahrungen, die besser waren und mir halfen, meine Zeit im Waisenhaus und in der Schule zu überstehen. Zum Beispiel reicht meine Liebe zu Hunden zu einem meiner Lieblingslehrer zurück: Herrn Dumin. Er besaß einen Dobermann Pinscher namens Viera. Auf sein Kommando konnte Viera hochspringen, Herrn Dumins Hut entfernen und ihn an die Kleiderhacken im Klassenzimmer hängen. Sie gehorchte ihrem Herrchen, folgte jedem Kommando, eingeschlossen 'Sitz' und wir konnten sie so viel streicheln, wie wir wollten. Viera war eine intelligente und sanfte Hündin.

Es waren diese positive Erlebnisse mit Hunden, die sich von unschätzbarem Wert erweisen würden, um das Erlebnis, wie die SS ihre Hunde auf Häftlinge losließ, zu überstehen. Viele in der SS hatten Deutsche Schäferhunde und Dobermann Pinschers unter ihrem Kommando, darin gedrillt zu attackieren. Diese großen Hunde zerfleischten jüdische und nichtjüdische Menschen. Ich stand öfter als ich mich daran erinnern möchte dabei und sah es mit meinen eigenen, jungen Augen. Vom Ghetto bis zu den Konzentrationslagern schien dies die liebste Form der Folter zu sein, für jene, die nicht der Herrenrasse angehörten. Durch meine Erfahrung mit Herrn Dumin wusste ich, dass Hunde selbst nicht bösartig waren. Die einzigen, die zu fürchten waren, waren jene, welche die Hunde darauf drillten, den Geboten des Teufels nachzukommen.

Die Besuchstage im Waisenhaus waren auf einen Samstag im Monat begrenzt. Meine Mutter reiste nicht an Samstagen, da es Sabbat war. Die Reise nach Drohobycz war zudem teuer, was zu den fehlenden Besuchen dank unserer verarmten Verhältnisse beitrug. In meiner ganzen Zeit im Waisenhaus kann ich mich nur an einen einzigen Besuch von meiner Mutter erinnern. Ich war krank und hatte sehr hohes Fieber. Ich verlor immer wieder das Bewusstsein und dachte, die Schritte meiner Mutter zu hören. Durch ihr Humpeln besaß meine Mutter einen sehr speziellen Gang mit einem einzigartigen Klang, der in einem Zimmer oder in einem Gang widerhallte. Ich erinnere mich nicht mehr wirklich daran, was während des Besuches passierte, doch ich weiß, dass es mir wieder besser ging, was wahrscheinlich kein Zufall war.

Andere Kinder erhielten regelmäßig Besuch, bei welchen sie viele leckere Gaben erhielten. Wenn jemand Süßigkeiten erhielt, teilten wir diese miteinander. Ich habe echt schöne Erinnerungen daran, wie wir zusammenspielten. Ich war sportlich und alle Ballspiele machten mir Spaß.

Neben unseren Hausarbeiten im Waisenhaus wurden uns ab und zu auch Aufgaben in der Synagoge erteilt. Eines Tages wurden ein Freund und ich beauftragt sie zu reinigen. Es verstand sich von selbst, dass man keinen Freund verrät—ein ungeschriebenes Versprechen, an das ich mich noch heute halte. Während wir die Synagoge reinigten, kamen wir der Wodkaflasche des Kantors entgegen. Wir beschlossen, dass harte Arbeit anständig entlohnt werden sollte, und nahmen jeder einen kleinen Schluck. Wir überprüften die Flasche und dachten nicht, dass das kleine Bisschen, was wir getrunken hatten, auffallen würde und setzen unsere Arbeit fort.

Nach ein paar Tagen, als wir erneut in der Synagoge Arbeit verrichteten, nahmen wir beide einen etwas größeren Schluck. Es kam uns in den Sinn, dass es nun auffallen würde, dass etwas fehlte und was potenziell betrachtet in einem Desaster für uns beide enden konnte. Also gaben wir etwas Wasser in die Flasche und dachten, es wäre gut genug, um unser kleines 'Verbrechen' zu verstecken. Jedes Mal tranken wir mehr, genossen das Hoch und noch mehr, dass wir nicht geschnappt wurden. Wir tranken genug, um betrunken zu werden, doch wir waren vorsichtig genug, um mehr Wasser hinzuzufügen. Beim vierten Mal verließ uns unser Glück. Der Kantor bemerkte, dass sein geliebter Wodka nicht mehr so schmeckte, wie zuvor. Höchstwahrscheinlich verlieh dieser ihm nicht mehr das Hoch, an das er so gewöhnt war.

Es gab kein Entkommen. Wir wurden geschnappt, da wir die Einzigen waren, die Aufgaben in der Synagoge verrichtet hatten. Da ich etwas robuster als mein Kamerad gebaut war, übernahm ich die volle Verantwortung und rettete wenigstens einen von uns vor der Prügel, die folgte.

Zu meiner eigenen Überraschung verging die Zeit schnell. Wie ich mich erinnere, genoss ich die wenigen Besuche von Faiga während meiner Zeit im Waisenhaus, die ungefähr sechs Jahre lang, bis zum Herbst 1939, andauerte. Ich erinnere mich, dass sie öfter als Simcha kam und dass ich glücklich war, sie zu sehen.

Nach meiner Bar Mitzwa würde es für mich nach Hause gehen, nachdem ich die 7. Klasse abgeschlossen hatte. Bar Mitzwa, für diejenigen, die es vielleicht nicht wissen, ist ein religiöser Übergangsritus, währenddessen ein dreizehnjähriger Junge zum Mann wird. Die Bar Mitzwa waren zu diesem Zeitpunkt nur religiöse Festigkeiten. Wir hatten nicht die ausführlichen Feiern, die Bar Mitzwas heutzutage folgen würden.

Gruppenbild der Kinder und Angestellten des Jüdischen Waisenhauses in Drohobycz © United States Holocaust Memorial Museum, mit Genehmigung von Paul Leopold Lustig, 1921

5

RÜCKKEHR NACH HAUSE
1939

Ich kam zwei Wochen vor Kriegsbeginn zurück nach Hause. Doch Zuhause war es nicht mehr wie zuvor. Wir waren alle älter, was mehrere lebensveränderte Ereignisse mit sich brachte. Simcha hatte seine Freundin Andzia geheiratet und zusammen hatten sie ein neues Zuhause eingerichtet.

Faiga war mit einem Mann namens Simcha Wald verheiratet. Und meine Schwester war, so wie sie es sich immer erträumt hatte, eine talentierte Kosmetikerin geworden und arbeitete in Drohobycz. Ich war zu Hause und plante zum Haushalt beizutragen, wie ein Mann es sollte. Ich begann Arbeit zu suchen und Geld zu verdienen, damit gut für meine Mutter gesorgt war. Sie brauchte es. Sie war schrecklich dünn und gebrechlich geworden und sah viel, viel älter aus, als sie es war. Ich machte mir fürchterliche Sorgen um sie. Wie immer wollte ich alles tun, was ich konnte, um ihr zu helfen, doch jetzt war dieser Instinkt ums Hundertfache stärker. Ich fühlte mich hilflos, wenn ich sie ansah, doch war fest entschlossen alles zu tun, um ihr ein besseres Leben zu ermöglichen.

In nur kurzer Zeit würde unsere Welt erneut auf den Kopf gestellt werden. Ich erinnere mich, wie ich die Häuser in der Nähe von unserem mit ihren Freiflächen für Hinterhöfe angesehen habe. Ich vermisse die Zeit, in der Joseph, Juhuda, Abe und ich spielen konnten, so sorglos und so ahnungslos, was die Zukunft bringen würde.

Im Herbst 1939 marschierte Deutschland, trotz der deutsch-polnischen Erklärung von 1934, in Polen ein. Die polnische Armee hatte der gut geölten, deutschen Kriegsmaschine von Pferderücken aus und mit Soldaten, die Schwerter und Gewehre trugen, nichts entgegenzusetzen. Mit Panzern und einer überlegenen Luftwaffe besiegte Deutschland Polen schnell.

Kurz danach marschierten die Deutschen in meine Stadt ein. Obwohl ihr Aufenthalt kurz war, hinterließen sie unauslöschliche Spuren bei der jüdischen Bevölkerung in Form von Beleidigungen und Demütigungen. Russland machte es Deutschland nach und übernahm die Region Galizien, den südöstlichen Teil Polens (der momentan zur Ukraine gehört). Meine Stadt und Galizien waren nun unter russischer Besetzung.

Die Luft war frisch und ein leichter Geruch von brennendem Holz lag in ihr, als wir am Ende der Hohen Feiertage aus der Synagoge traten. Würden unsere Gebete erhört werden? Ja, die Deutschen waren fort, doch jetzt waren die Russen hier. Über uns erklang russische Musik aus den Lautsprechern. Wenn keine russische Musik spielte, erzählte eine Stimme über den Kommunismus.

Wir hatten wenig Zeit, uns an diese neue Art des Lebens zu gewöhnen, bevor die Dinge sich erneut änderten. Mein Bruder Simcha wurde zur Roten Armee einberufen. Er diente an der

Front während des Krieges. Wo auch immer Russland im Krieg kämpfte, war mein Bruder auch. Wo auch immer die Russen bestimmten, verloren Menschen ihre Häuser, Bauernhöfe und Geschäfte. So funktionierte der Kommunismus. Egal, wie hart jemand vielleicht gearbeitet hatte, um ein Geschäft aufzubauen, alles gehörte dem Staat. Ohne Vorwarnung wurden Menschen ihrer Häuser verwiesen und andere mussten Unternehmen teilen, die seit Jahrzehnten in Familienbesitz gewesen waren. Wir waren arm und ironischer Weise hatten wir Glück, da wir nichts besaßen, was wir dem kommunistischem Leben hätten geben können. Meine Mutter und ich konnten in unserem kleinen Haus bleiben. Doch wir konnten nicht mehr in der Synagoge beten, da alle Religionen als verboten galten. Kommunismus war die höchste Macht. Kommunismus war die neue Religion. Das Leben im Kommunismus hat mir in einer Hinsicht gute Dienste geleistet. Ich durchlief eine Ausbildung zum Drehmaschinenbediener und konnte endlich mein Ziel erreichen, eine Arbeit zu bekommen. Endlich könnte ich meine Mutter unterstützen!

Das Leben unter den Russen war mit seinen eigenen Schwierigkeiten und Problemen verbunden. Besonders dringend war die Nahrungsmittelknappheit, vor allem Zucker, Mehl und Brot. Essen generell war schwer erhältlich und schon bald begann die Regierung es zu rationieren. Treibstoff war auch gefragt. Wertvolle Ressourcen wurden zunehmend knapper. Zum Beispiel war es beinahe unmöglich einen Arzt zu finden, wenn man einen brauchte. Es bildeten sich Wartschlangen, überall und in jede Richtung. Für Essen, Bezugsscheine, alle medizinischen Einrichtungen. Manchmal schien es, als wäre alles, was die Leute taten, anstehen. Wenn die Vorräte nicht für jedermann reichten, war der Schwarzmarkt eine Option. Wir wussten genug, um diesen um jeden Preis zu vermeiden, denn die Strafen konnten enorm sein.

Unter den Russen erhielt ich meine erste Anstellung und arbeitete mit Schreibmaschinen. Als wir uns dem Russischen anpassten, mussten die Buchstaben ausgetauscht werden. Es war eine langweilige Arbeit und sehr arbeitsintensiv, da jeder Buchstabe sorgfältig nach dem anderen gewechselt werden musste. Für einen jungen Mann von dreizehn Jahren war es fürchterlich langweilig. Ich war voller Energie und wollte mehr tun, dennoch bemerkte ich, dass ich es liebte mit meinen Händen zu arbeiten.

Ich konnte meine Freunde kaum unterdrücken, als ich meinen ersten Lohn erhielt. Stolz brauchte ich mein Gehalt nach Hause und übergab die gesamte Summe meiner Mutter. Niemals werde ich ihre dankbaren Tränen vergessen. Es war der vielleicht stolzeste Moment meines Lebens; sicherlich einer meiner stolzesten Momente. Ich war begeistert und befriedigt, es endlich geschafft zu haben. Trotz der schweren Zeiten konnten wir uns über Wasser halten.

6

MEIN VERBRECHEN

Ich arbeite lange Stunden. Wir arbeiteten Fünf-Tage-Rotationen mit einem freien Tag. Ich war jung und sehnte mich nach sorglosen Tagen, doch die Verantwortung von Arbeit ließen diese sehr fern scheinen. Es gelang mir, die Zeit zu finden mit meinen Freunden am Abend zu spielen. Unter dem dunkel werdenden Himmel fanden wir Spaß und Zuflucht in einem Fußballspiel. Es war eine Möglichkeit herumzurennen und die langen Tage harter Arbeit zu vergessen. Nach einer Weile war es Zeit zu essen, zu schlafen und echt benötigte Ruhe zu finden.

Eines Morgens beging ich ein Verbrechen, zumindest laut den Gesetzen des Kommunismus. Ich weiß, was Sie denken müssen: Was für ein Verbrechen könnte ein Dreizehnjähriger mit guten Werten begehen? Ich war zu spät auf Arbeit. Und obwohl es nicht mehr als zehn bis fünfzehn Minuten gewesen sein konnten, erhob mein Chef Anklage gegen mich und ich wurde zu einer Anhörung Richter gerufen. Das Verfahren ähnelte dem einer Gerichtsverhandlung.

Nach bolschewistischem Recht gab es in der Strafjustiz ein tatsächliches Verfahren für Straftaten am Arbeitsplatz. Als ich in dem kleinen Raum stand, bemerkte ich viele andere Leute. Ich kam nicht umhin mich zu fragen, was sie verbrochen haben mussten, um hier zu sein. Als ich an die Reihe kam, ging ich zum Tisch herüber. Ein Mann, den ich auf der Arbeit gesehen hatte, sagte dem Richter, ich sei zu spät gekommen.

Was sollte ich sagen, selbst wenn ich die Chance dazu erhalten würde? Bevor ich die Zeit hatte, zu verarbeiten, was geschah, wurde ich bereits verurteilt. Mein Gehaltsscheck würde für mehrere Monate um zehn Prozent gekürzt werden! Als ich das Gebäude verließ, fühlte ich wie Depressionen nach mir griffen. Mein Einkommen war ohnehin bereits dürftig und jetzt war es noch weniger. Wieder einmal versprach ich mir, dass ich mich trotz dieses Rückschlags um meine Mutter kümmern würde. Mein Bruder und meine Schwester vertrauten darauf, dass ich es tat. Doch wie sollten wir mit noch weniger Geld auskommen?

Ich war mir sicher, dass meine Mutter böse mit mir sein würde, weil ich so leichtsinnig mit meiner Zeit umgegangen war. Es fühlte sich so an, als hätte ich sie im Stich gelassen und ich konnte ihr nach so einem katastrophalen Fehler kaum in die Augen sehen. Wie würde sie reagieren? Zu meiner Überraschung und großen Erleichterung, schimpfte sie mich nicht aus und tadelte mich auch nicht. Selbst mit diesem doch signifikanten Einschnitt in unser Einkommen gelang es ihr unser Budget so anzupassen, dass wir weiterhin alles kaufen konnten, was wir brauchten. Selbstverständlich aßen wir viel weniger in diesen Tagen. Meine Mutter wurde vor meinen Augen immer schwächer. Ja, wir hatten Hunger, doch unser Hunger war nichts, verglichen mit dem, wie er es bald sein würde.

7

RÜCKKEHR DER NAZIS

In den Tagen der Nazis, wann immer Deutschland einen ‚Nichtangriffspakt' anbot, führte dieser mit Sicherheit zu einem Blitzkrieg. Am 22. Juni 1941 standen die Nazis wieder in Boryslaw. Wieder folgte ihnen Blut und Zerstörung. Viele Einwohner hatten bittere Erinnerungen an die wenigen Tage 1939 unter den Deutschen.

Ein paar Tage nach dem Sieg der Deutschen gegen Russland fand in Boryslaw die erste Aktion statt, eine Nazi Strategie, um Feinde zu beseitigen. Sie richtete sich gegen polnische Intellektuelle und Angehörige der Oberschicht. Ohne dass wir davon wussten, wandten sich ukrainische Anführer an die Gestapo und baten um Erlaubnis sich mit den Juden befassen zu dürfen. Erst lange nach dem Krieg fanden wir heraus, dass die Ukrainer und Polen, die in Galizien wohnte, die Juden beschuldigten den Kommunismus unterstützt zu haben. Die Deutschen gaben den Ukrainern freie Hand. Die Ukrainer kamen aus Boryslaw, Drohobycz und anderen Dörfern aus der

Umgebung. Die kamen in Scharen mit Sensen und Sicheln, um die Menschen in den Straßen zu töten und zu verstümmeln. Die Straßen waren buchstäblich rot von Blut.

Meine Mutter beschloss, dass niemand von uns das Haus verlassen würde, bis es vorüber war. Wir taten was wir konnten, beteten, dass es bald alles vorbei sein würde. Während dieser Zeit verlasen wir unser Haus nicht einmal, um unsere Bedürfnisse im Außenhaus zu verrichten. Es war zu gefährlich, egal, aus was für einem Grund auch immer, aus dem Haus zu gehen. Wir hielten unseren Atem und versuchten den Hass dieser Leute, die wir nicht einmal kannten, zu begreifen. Wir hatten keine Ahnung. Wir waren verwirrt, doch am allermeisten waren wir voller Angst.

Drei Tage später beendeten die Nazis diese Aktion, die hauptsächlich durch Ukrainer begonnen und ausgeführt worden war. Die Nazis, die SS eingeschlossen, töteten zum Abschluss alle Juden, die noch zu sehen waren. Dann wurden alle Juden von der Gestapo aus ihren Häusern gerufen, um unsere Unordnung von den Straßen zu beseitigen. Diese Unordnung bestand größtenteils aus den verletzten Körpern der Opfer: jemandes Mutter, Bruder, Vater oder Freund. Wir sammelten das, was von unseren Lieben übrig geblieben war, auf und legten es auf Schubkarren. Dann beerdigten unsere Lieben mit jüdischen Riten auf dem jüdischen Friedhof in Boryslaw.

Wie in anderen Städten in Europa wurde ein Judenrat gebildet. Der Judenrat in Boryslaw wurde von Michael Herz und anderen bekannten Vorsitzenden unserer Gemeinde geleitet. Ihre Aufgabe war es als Liaison zwischen der Gestapo, die unserer Stadt zugeteilt wurde, und der jüdischen Gemeinde zu agieren. Der Rat würde den Nazis die Namen aller jüdischen Leute in der Stadt weiterreichen und diese Menschen, zum Beispiel als Zwangsarbeiter für die deutschen Kriegsbemühungen, zur Verfügung stellen.

Regelmäßig wurden neue Gesetze und Verordnungen erlassen, wie Juden zu behandeln oder eher zu misshandeln waren. Diese Verordnungen schränkten uns in unseren Möglichkeiten ein, uns frei zu bewegen, Unternehmen zu besitzen und auf Dienstleistungen zuzugreifen. Jüdische Geschäfte wurden an andere übergeben. Juden durften die meisten Geschäfte nicht einmal mehr betreten, auch nicht um Grundnahrungsmittel zu kaufen. Es war uns verboten, bestimmten Straßen zu betreten, auf den Bürgersteigen zu gehen oder das Kino zu besuchen. Wenn wir an einem Volksdeutschen vorbeikamen, mussten wir uns verbeugen, unsere Mützen abnehmen und ihnen Platz machen. Die Gebäude, die einst unsere Gotteshäuser waren, wurden allesamt niedergebrannt.

Alle, die als Juden identifiziert wurden, erhielten Armbinden, die mit einem achteckigen Davidstern getragen werden mussten. In der Mitte dieses gelben Sterns stand das Wort *Judas* oder *Jude*. Auf Polnisch hieß diese Armbinde Opaska. Wir waren jetzt offiziell im wahrsten Sinne des Wortes gekennzeichnet. Wenn die Opaska nicht getragen wurde, führte dies zu einer Verhaftung oder sogar zum Tod.

Juden wurden täglich belästigt. Diese Belästigung wurde zu unserer neuen Lebensweise. Die orthodoxen Juden wurden besonders leicht angegriffen, da sie mit ihren langen Bärten und *Peot* (jiddisch für Schläfenlocken) anders aussahen. Ich sah, wie ein Junge meines Alters ein Messer aus seiner Tasche zog und einem religiösen Mann einen Teil des Bartes abschnitt, während die Polizei zusah und lachte. Sie verspotteten den Mann, während dieser und seine Familie hilflos dastand. Ich wünschte, das wäre das einzige Mal gewesen, dass ich so etwas sah. Es ist unmöglich zu sagen, wie oft ich diese Art der Belästigung sah und als ob das Abschneiden der Peot nicht schlimm genug war, schien man der Person auch noch absichtlich in die Haut zu schneiden.

Ich wurde immer wütender. Es gab keine Möglichkeit, mich von der Wut und dem Hass zu befreien, die sich in mir anstauten. Ich konnte nichts tun, außer diese Gefühle mit mir herumzutragen und zu spüren, wie sie Tag um Tag wuchsen. Je länger die Lage anhielt, desto schwächer wurde meine Mutter vor meinen Augen. Es gab nichts, das ich hätte tun können. Dieses Gefühl der Hilflosigkeit verstärkte meinen Zorn zusätzlich.

Als ich durch meine Heimatstadt lief, ertönten deutsche Befehle. Nichtbeachtung dieser führte dazu, dass man geschlagen oder getötet wurde. Es wurde äußerst wichtig, deutsche Wörter auswendig zu lernen, um nicht mit einer Keule geschlagen oder, schlimmer noch, getötet zu werden nur weil man nicht geantwortet hatte. Zum Glück gab es eine gewisse Ähnlichkeit zwischen dem Deutschen und dem Jiddischen. Ich arbeitete fleißig daran, den neuen deutschen Wörtern eine Bedeutung zu geben. Ich dachte, es könnte sehr wohl den Unterschied zwischen Leben und Tod für mich und meine Mutter bedeuten.

Wir wussten nicht, wie es hätte schlimmer werden können, doch es wurde schlimmer. Ich verlor meine Arbeit, welche unsere einzige Einnahmequelle gewesen war. Unsere Welt zerbrach. Im Oktober 1941 wurde es noch schlimmer. In Boryslaw wurden zwei Ghettos errichtet. Es war kein Zaun nötig. Die meisten von uns wagten sich nicht über das für uns ausgewiesenes Gebiet hinaus. Die Nazi-Wachen und die Ukrainer, vor allem die

Letzteren, übernahmen gerne die Aufgabe, jeden Juden zu schlagen, der gegen die Regeln verstieß oder sich aus dem Ghetto hinauswagte.

Arm zu sein hatte unter diesen miserablen Umständen einige unerwartete Vorteile und auf seltsame Weise hatten wir tatsächlich Glück. Unser Haus befand sich in einem ärmeren Teil der Stadt, der später als Ghetto bezeichnet wurde. Infolgedessen mussten wir nicht umziehen und niemand kam, um unser Haus zu teilen. Im Gegensatz zu vielen anderen waren wir nicht gezwungen, solche Veränderungen über uns ergehen zu lassen.

Der Judenrat, der für die Verteilung von Arbeit an die jüdische Bevölkerung verantwortlich war, erteilte mir die Rolle eines Boten. Diese erlaubte es mir, das Ghetto mit den entsprechenden Dokumenten zu verlassen. Es war für mich und andere auch nicht unüblich, die Aufgaben anderer Mitglieder der jüdischen Gemeinde zu übernehmen, wenn diese körperlich nicht mehr in der Lage waren diese zu erfüllen.

Ich meldete mich bereitwillig freiwillig, um für andere Juden zu arbeiten, die ihre Häuser nicht verlassen wollten oder aus irgendeinem Grund nicht arbeiten konnten. Indem ich ihre Identität annahm, verdiente ich ein bisschen Geld von der Person mit der Arbeitspflicht. Außerdem erhielt ich Essen als Gegenleistung für meine Arbeit. Der Judenrat versuchte so viele Menschen wie möglich zu ernähren. Es gab eine Gemeinschaftsküche, in der die Leute eine Suppe oder eine sehr einfache Mahlzeit genießen konnten. Ich aß dort und nahm in einem Metallbehälter etwas Essen für meine Mutter mit nach Hause, die zu diesem Zeitpunkt kaum ihr Bett verließ. Mein früheres Leben im Waisenhaus kam mir jetzt zugute. Ich war jemand, der wusste, wo es langging. Ich besaß

Überlebensfähigkeiten, war mir meiner Umgebung sehr bewusst und leistete meinen persönlichen Widerstand gegen alles, was die Deutschen und Ukrainer den Juden antaten. Ich war jung und dachte nie an die Gefahr für mich selbst. Ich war unbezwingbar! Ich hielt auch weiterhin am meiner persönlich Moral, nie ein Verräter zu sein, fest.

Leider lebten nicht alle nach dieser Moral. Um ehrlich zu sein, brachten die Umstände das Schlimmste aus den Menschen zum Vorschein. Die jüdische Polizei war so ein Beispiel. Manche verschworen sich mit den Nazis und verrieten ihre besten Freunde. Die Meisten der jüdischen Polizei waren sich zu dem Zeitpunkt nicht bewusst, dass sie schlussendlich das gleiche Schicksal wie den Rest der jüdischen Bevölkerung erwartete. Die Nazis würden für sie keine Ausnahme machen. Der Kommandant der jüdischen Polizei musste erwartet haben, dass er und seine Familie nicht verschont bleiben würden und versuchte sich zu verstecken. Dieser Mann hatte einen Hund, den er liebte. Der Hund war zufällig einer, der viel und laut bellte. Der Kommandant tötete ihn, damit er sein Versteck nicht verriet, wenn es so weit wäre.

Nach der Arbeit wurde ich zum Fußballspielen eingeladen. Aufgrund meiner Arbeit hielt ich mich oft außerhalb des Ghettos auf. Wir teilten uns in Mannschaften auf und spielten, wie unsere Herzen es wollten. Eines Tages war es heiß und ich zog, wie andere auch, mein Hemd und meine Opaska aus. Als das Spiel vorbei war, zog ich beide wieder an.Ein junger Mann sagte zu mir: „Warum ziehst du sie wieder an? Sieh dich an, du siehst nicht jüdisch aus. Bleib auf dieser Seite. Niemand wird es wissen." Doch ich würde es wissen und ich hatte jemanden, der auf mich zählte und der die verbotene Zone nicht betreten konnte. Sie war zu krank dafür. Wann immer wir uns zum

Fußballspielen trafen, gab es keine aufgezwungene Trennung durch die Nazis, sondern nur eine Gruppe polnischer Jugendlicher, die Spaß hatten. Ich wurde immer als Erster gewählt, da ich den Ruf weghatte, ein sehr guter Fußballspieler zu sein.

8

DAS LEBEN WIRD SCHLIMMER

Als die Tage zu einem unendlich langen und elenden Tag miteinander verschwammen, wurde klar, dass Menschen begannen zu verschwinden. Niemand hatte Antworten, oder diejenigen, die Antworten hatten, entschieden sich dafür, sie für sich zu behalten. Ich hörte Geschichten von den Wohlhabenderen unter uns, die in der Lage waren, die aus Polen, Ukrainern und Deutschen bestehenden Wachen zu bestechen. Keine der Wachen lehnte Bestechungsgeld ab. Zu den Bestechungsgeldern gehörten Familienerbstücke, Schmuck und Geld. Nach der Rückkehr der Deutschen musste jede jüdische Familie schon bald ihre Pelze, Silber- und Goldschmuck abgeben, sei es ein Sabbatkerzenhalter, Bilderrahmen oder ein Ehering. Es machte keinen Unterschied. Wenn etwas aus Silber oder Gold war, mussten wir es abgeben. Viele gaben Wertvolleres als Gold oder Silber ab. Sie mussten Teile ihrer Familiengeschichte, Erbstücke, die an die nächste Generation und darüber hinaus hätten gehen sollen, abgeben.

Es war erstaunlich, dass später noch etwas übrig war, das als Bestechungsgeld verwendet werden konnte.

Unsere allgemeine Gesundheit verschlechterte sich ebenfalls dramatisch. Typhus und Ruhr waren im Ghetto häufig. Wir durften keine Medikamente einnehmen. Selbst diejenigen, die das Geld hatten, konnten keine kaufen. Der einzige Weg, Medikamente zu erhalten, war auf dem Schwarzmarkt. Es gab immer noch einige jüdische Ärzte, doch sie befanden sich in der gleichen Lage wie wir anderen auch.

Meine Mutter und ich fühlten uns nicht wirklich ärmer als zuvor. Wir hatten von Anfang an so wenig, dass diese Art von Armut nichts Neues für uns war. Es hat mich immer sehr stolz gemacht, meine Mutter unterstützen zu können. Selbst unter diesen schlimmen und gefährlichen Umständen fand ich Wege, etwas zu essen nach Hause zu bringen. Ich vermutete oft, dass sie wusste, was für Risiken ich einging und wie ich mich vielleicht manipulativ verhielt. Ich vermied Augenkontakt, doch genau wie meine Schwester hatte meine Mutter diesen sechsten Sinn. Man musste Risiken eingehen, um zu überleben. Ohne etwas Illegales zu tun, versuchte ich mein Möglichstes, an unserer Würde festzuhalten und uns am Leben zu erhalten.

Als der Sommer 1942 auf sein Ende zuging, übten die Deutschen Druck auf den Judenrat aus, eine Liste von Menschen zusammenzustellen, die ihrer Meinung nach keinen Zweck erfüllten. Diese Liste sollte die ärmsten und kranksten Menschen umfassen. Diese Leute sollten aus Boryslaw heraus transportiert werden. Leider ist heutzutage nicht viel anders. Diejenigen mit Reichtum sind die, die Macht haben, jedoch nicht so viel, dass sie über Leben und Tod entscheiden könnten.

Als ich am 2. September 1942 schlafen ging, hatte ich keine Ahnung, dass meine Mutter und ich auf dieser sehr großen Liste von Menschen stehen würden, die Boryslaw in den nächsten Tagen verlassen sollten. Am 3. September 1942 um 4 Uhr morgens wurde ich von einem Klopfen an der Tür geweckt. Als ich öffnete, sagten ein deutscher und ein ukrainischer Wachmann zu mir, dass meine Mutter und ich umgesiedelt werden würden. Da war dieses Wort: umgesiedelt. Von allen Lügen, die je erzählt wurden, war diese sicherlich eine der schlimmsten. Es gab Gerüchte über diese 'Umsiedelung' und darüber, was das tatsächlich bedeutete.

Ich lief neben meiner Mutter und vielen anderen Menschen mit unseren Koffern und allem, was wir in der Hand tragen konnten, zum Bahnhof. Meine arme, süße Mutter, deren Gesundheit seit Jahren nicht gut war, war durch den ständigen Hunger noch mehr geschwächt. Sie war erst achtundfünfzig Jahre alt, schien aber so viel älter. Mit meinem Arm um sie tat ich mein Bestes, um sie aufrecht und in Bewegung zu halten. Ein junger Mann, den ich kaum kannte, stützte sie auf der anderen Seite. Ich musste stark sein und eine undurchdringliche Front für meine Mutter präsentieren. Ich machte mir Sorgen, wie sie die Reise überstehen würde. Sie war bereits so gebrechlich.

Wir gingen weiter, mit der Kälte in der Luft, die auf unseren Wangen und Händen brannte. Bevor ich wusste, was passierte, brach meine Mutter zusammen. Ich blieb stehen, um ihr wieder auf die Beine zu helfen. Die barbarischen Wachen brüllten: „Mach schnell!" Sie hoben sie auf und setzten sie auf einen Lastwagen. Ich konnte nicht anderes tun, außer mir einzureden, dass ich sie am Bahnhof treffen würde.

Das Erste, was ich sah, als ich dort ankam, waren die Viehwaggons. Viehwaggons? Würden Tiertransporte zum Transport von Menschen eingesetzt werden? Meine Mutter war nirgends zu sehen. Ich sah mich um und rief: „Yochevet Brodt? Yochevet Brodt? Hat jemand meine Mutter gesehen?" „Nein, Henek", sagte jemand. „Wir haben sie nicht gesehen."

Ich schaute überall hin, konnte sie aber nirgends finden. Es war, als wäre sie vollständig verschwunden, als hätte sie niemals existiert. Doch ich hatte keine Zeit nach ihr zu suchen, sie gaben uns bereits Befehle: „Schnell, schnell! Aufstellen! Aufstellen!"

Am Bahnhof standen drei deutsche Beamte, darunter einer von der Gestapo, der die Soldaten anwies, uns nicht aus der Reihe tanzen zu lassen. Zu diesem Zeitpunkt hatte ich ein ziemlich gutes Verständnis dafür, was gesagt wurde. Ich wartete darauf, in einen der Viehwagen zu steigen. Es war diese einfache Fahrt zum Tod in Belzec, die in der Gaskammer endete. Der von der Gestapo klopfte mir auf die Schulter und fragte mich nach meinem Alter. Instinktiv fügte ich ein paar Jahre hinzu. Mit einer einfachen Handbewegung winkte er mich aus der Schlange für den Zug. Einfach so, wurde ich verschont. Doch für was?

„Du bist jung und gesund", sagte er. „Du kannst arbeiten. Du bleibst hier." Erst viel später erfuhr ich, dass es einen Mann der Gestapo in Boryslaw gab, der versuchte, so viele Juden wie möglich zu retten. War er es, der mich aus der Schlange winkte? Ich weiß es nicht, nehme es jedoch stark an.

Ich sah meine Freunde und Nachbarn stumm und desorientiert in die Viehwaggons steigen, doch meine Mutter sah ich nicht. In den Waggons stand die menschliche Fracht dicht gedrängt. Die Deportation dauerte über anderthalb Tage. Das Ziel dieses größten Transports aus Boryslaw und Drohobycz war Belzec, das erste der Vernichtungslager der Nazis, welches zur Beseitigung des polnischen Judentums errichtet worden war. Wir stellten bald fest, dass Belzecs einziger Zweck die systematische Ermordung der 'Umgesiedelten' war. Sie waren die ganze Zeit für den Tod bestimmt gewesen.

Zu Beginn wurden Mütter, Väter, Großmütter, Großväter und Kinder in Räumen vergast, in die Kohlenmonoxid eingespeist wurde. Es gab nicht einmal die Fassade einer Dusche. Der Tod war langsam und schmerzhaft.

Nach meiner Rettung vor dem sicheren Tod kehrte ich nach Boryslaw zurück, jetzt ganz allein. Ich kehrte zu uns nach Hause zurück und hoffte, dass meine Mutter dorthin gebracht worden war, um sich zu erholen. Immerhin wäre dies das Menschlichste gewesen, was man mit jemandem, der so krank war, hätte tun können. Als ich unser Haus betrat, herrschte eine Stille, die ich noch nie zuvor erlebt hatte. Es war nicht nur die Abwesenheit von Geräuschen, es war ein krankes, schreckliches Gefühl. Das Haus war nicht nur von jedem menschlichen Leben verlassen; ein bedrückendes, kaltes Gefühl reichte bis in die Ecken unserer kleinen Unterkunft. Dieses Haus war kein Zuhause mehr. Die Liebe, die in diesen vier Wänden geherrscht hatte, hatte die Wärme eines wahren Zuhauses geschaffen. Diese Wärme war meine Mutter, meine süße, liebende Mutter. Jetzt, wo sie weg war, war auch mein Grund dort zu bleiben verschwunden. Ich ging fort und kehrte nie mehr zurück.

Meine Schwester und ihr Mann, Simcha Wald, versteckten sich in einem Krankenhaus direkt außerhalb des Ghettos. Sie hatte gefälschte Papiere und lebte als Christin in einem nichtjüdischen Gebiet. Sie kümmerte sich um kranke Menschen, obwohl sie eigentlich Kosmetikerin war.

Als sie fortging, versprachen wir einander, dass wir uns bis zum Ende dieses Wahnsinns nicht kontaktieren würden. Als wir uns gegenseitig unsere gegenseitige Liebe versicherten, hofften meine Mutter und ich, dass meine süße Schwester und ihr Ehemann in Sicherheit wären. Als Zuhause lebender Sohn hatte ich alle Verantwortung für meine Mutter übernommen. Wie konnte es sein, dass ich in dieser tödlichen Zeit den Ereignissen nicht einen Schritt voraus war?

Jetzt war ich allein. Innerlich hatte ich einen Konflikt. Tief in meinem Inneren vermutete ich, dass ich meine Mutter nie wieder sehen würde, doch in meinem Herzen leugnete ich es. Um zu überleben, klammerte ich mich an den dünnsten Strang der Hoffnung fest. Es war der einzige Weg, um zu überleben. Oder war es Verleugnung? Ich weiß, dass die andere Seite von Verleugnung Hoffnung ist. Ungeachtet dessen, war diese Hoffnung alles, was ich hatte.

Ich ging zum Büro des Judenrates. Erschöpft kletterte ich auf einen Schreibtisch und schlief. Dies dauerte ungefähr sechs Wochen. Ich blieb im Ghetto und nahm Gelegenheitsarbeiten an, bis sich meine Umstände änderten. Ich habe so viel wie möglich gearbeitet, um meine Gedanken zu beschäftigen und nicht daran denken zu müssen, dass ich meine Mutter nicht finden konnte, obwohl ich auf eine gewisse Weise wusste, dass sie nicht mehr dort war, wo irgendjemand sie jemals finden könnte. Wenn die Fähigkeit zu arbeiten der Maßstab dafür sein sollte, wer leben durfte, dann wusste ich, dass meine Mutter nicht mehr lebte. Meine Gedanken sprangen zu all den arbeitsfähigen Menschen, die verschwunden waren und jetzt angeblich tot waren. Welchen Sinn machte das? Ich konnte meinen Geist nicht davon abhalten, von einer Sackgasse zur Nächsten zu rennen. Es war, als wäre ich in einem Labyrinth ohne Ausgang gefangen.

Meine Arbeit war vielfältig. Ich hob Gräben aus. Ich putzte Straßen. Ich putzte sogar Büros und war von Zeit zu Zeit ein Bote. Ich hatte keine Familie mehr in meinem Leben. Ich war auf mich allein gestellt. Es interessierte niemanden mehr, ob ich von der Straße mitgenommen, weggeschickt oder getötet wurde. Niemand wusste, dass ein Henek Brodt einst ein gesetzestreuer Bürger von Boryslaw in Polen gewesen war.

1943, als das Ghetto immer kleiner wurde, wurde ich zur Zwangsarbeit geschickt. Es war kurz vor dem 15. Juli 1943, als Boryslaw zu judenrein erklärt wurde. Bis zu diesem Zeitpunkt schlief ich in einem Zwangsarbeitslager in der Nähe von Boryslaw.

In der Nähe von Boryslaw und Drohobycz gab es drei Zwangsarbeitslager. Ich landete in Mraznica. Der Kommandeur dieses Lagers war ein Sadist namens Friedrich Hildebrand.[1] Er war verantwortlich für das Gebiet Galiziens rund um Drohobycz und Boryslaw. Er mag der Kommandeur gewesen sein, aber sein eigentlicher Beruf war der eines Mörders. Ich fand später heraus, dass Sadismus die Hauptvoraussetzung für eine Anstellung in so einer Position war. Er tötete Menschen ohne jeglichen Grund.

Wenn die Häftlinge eine Familie mit Geld hatten, konnten sie jeden bestechen, um sie rauszuholen. Es gab keine Moral unter den Wachen, egal, ob sie deutsch, polnisch oder ukrainisch waren. Selbst unter diesen unvorstellbaren Umständen sprach Geld. Freikaufen war jedoch keine Garantie für irgendetwas. Selbst Leute, die sich freikaufen konnten, konnten bei der nächsten Aktion auf der Straße ausgewählt werden. Ich hatte keine solche Familie. Auch wenn ich noch irgendjemanden in der Nähe gehabt hätte, waren wir so arm, dass wir nicht einmal vom Freikaufen geträumt hätten.

Die Kasernen im Zwangsarbeitslager unterschieden sich von denen, die ich später in den Konzentrationslagern sehen würde. Sie bestanden aus einem großen Backsteingebäude mit vielen Räumen mit Holzregalen, die zum Schlafen genutzt wurden. Es war jedoch ausreichend Platz. Ich hatte eine Strohmatratze und eine Decke für mich.

In Mraznica verrichtete ich Gelegenheitsarbeiten. Am erträglichsten war es, ein Bote zu sein. Dies geschah nach einem Ehrensystem. Sie wussten, dass ich zurück sein würde, selbst wenn ich über Nacht wegbleiben würde, was mir anfangs erlaubt war. Nur sehr wenige Menschen hätten einer jüdischen Person aus Angst vor der Bestrafung mit dem Tod geholfen, sodass meine Auswahl dahingehend begrenzt war, wohin ich hätte gehen können. Viele schlossen sich sogar der Hassmacherei an. Rufe von „Scheiß Jude, Judenschwein!" waren keine Seltenheit. Manchmal war es für die Menschen einfacher, sich selbst dem grausamsten Verhalten anzuschließen, als es zu bekämpfen. Ich entschuldige ihr Verhalten nicht. Die Menschen hatten Angst.

Zu diesem Zeitpunkt war ich immun dagegen. Oder vielleicht war ich nur taub gegenüber dem Schmerz und der Demütigung von allem. Worte verletzten mich nicht. Der Verlust meiner Mutter hatte mir bereits einen vernichtenden Schlag versetzt. Es würde nur noch schlimmer werden. Die Dinge, die ich damals in Menschen sah, brachten meinen Glauben an die Menschheit auf ein Allzeittief. Es war unmöglich zu verstehen und ebenso unmöglich zu ignorieren.

geeignet waren, gedrängt wurden, hatte ich keinerlei Ahnung, ob ich in den unmittelbaren Tod gehen oder einem im Wesentlichen einem quälend langsamen Tod ausgesetzt sein würde. Die Türen wurden zugeschlagen und wir zu einer riesigen, stinkenden Masse zusammengedrückt, Körper an Körper. Die Menschen weinten, beteten und schrien. Es gab keine normalen Gespräche.

Da viele von uns noch sehr jung waren, war ich überrascht, einen älteren Mann zu sehen. Zumindest schien er älter zu sein, obwohl er vielleicht in seinen Vierzigern war. Er war schrecklich dünn. Ich erinnerte mich an ihn von der Zwangsarbeit und dachte an die Grausamkeiten, die er hatte ertragen müssen. Ich versuchte, ihm Platz zu machen und ließ ihn sich sogar auf mich stützen, um seine Last zu erleichtern. Wir waren kein Ungeziefer. Man hatte mir so viel genommen, so, so viel, doch ich war erleichtert, dass ich noch immer einen Funken Mitgefühl in mir hatte.

Der Zug fuhr die Gleise entlang und hielt kurz in Drohobycz an, anscheinend um noch mehr menschliche Fracht aufzunehmen. Als der Zug die Gleise entlang ratterte, schien das Geräusch, das er machte, Tod - Tod - Tod zu singen. Doch in meinem Verstand und in meinem Herzen sang es, Leben - Leben - Leben. Ich tat, was ich konnte, um mich an jeder Hoffnung festzuhalten, die ich wo und wie auch immer finden konnte. In mir brannte der Wunsch, zu leben. Ich schuldete es meinen Eltern, meiner Schwester und meinem Bruder.

Schließlich hielt der Zug an. Wir wurden mit den üblichen Befehlen begrüßt: „Schnell, schnell!" und dann wurden wir von Männern in gestreiften Uniformen, der SS und allen anderen geschlagen, die an dieser gewöhnlichen Brutalität teilnehmen wollten. Ich versuchte, anderen aus dem Zug zu helfen. Wir

Ich hatte meine eigene Aufgabe als Teil des Widerstandes. Da ich mich frei bewegen konnte, nutzte ich die Gelegenheit, um anderen zu helfen. Mir wurde gesagt, wen ich treffen sollte und ich führte sie sicher zu einem Ort, an dem sie sich verstecken konnten. In diesen dunklen Zeiten konnte ich etwas Trost finden, indem ich einer Familie half, einen geliebten Menschen am Leben zu erhalten. Ich teilte meine Zeit auf, um meine Botenpflichten zu erfüllen und um andere in Sicherheit zu bringen, sobald die Dunkelheit hereinbrach.

Einmal starb ein älterer Mann in einem Versteck. Während sie von Traurigkeit geplagt war, befürchtete seine Familie, dass der Geruch des verwesenden Körpers ihr Versteck verraten könnte. Ich musste einen Weg finden, um die Leiche zu entfernen, ohne erwischt zu werden. Ich konnte einen Pferdewagen organisieren und die Leiche zur Beerdigung bringen. Als ich die Leiche entfernte, versprach ich der Familie, dass ich ein Gebet sprechen würde, und ich war meinem Wort treu.

Eines Tages wurde ich von der deutschen Wache in Mraznica gebeten, in die Apotheke in der Stadt zu gehen, um mehrere Rezepte abzuholen und ins Arbeitslager zurückzubringen. Wann immer ich in die Stadt ging, sollte ich Essen aus dem Lager ins Gefängnis bringen, wo sie „Nachzügler" hielten. Nachzügler waren Personen, die eines Verbrechens beschuldigt wurden oder Personen, die nach der Auflösung des Ghettos noch nicht in ein Arbeits- oder Konzentrationslager gebracht worden waren. Diese Leute waren sowohl jüdisch als auch nichtjüdisch. Ihre Gefängniswärter waren hauptsächlich Ukrainer.

Als ich die Zellen betrat, um das Essen zu liefern, war ich von Leuten umgeben, die Gegenstände in meine Taschen stopften: Schmuck, Gold und Silbermünzen. Alles Dinge, die sie vor langer Zeit hätten abgegeben sollen. Als ich in die Apotheke ging, dachte ich darüber nach, wie ich diese Wertsachen ins Lager und zu den rechtmäßigen Besitzern bringen konnte. Ich nahm die Medikamente, entwarf einen Plan und hoffte auf das Beste.

Ich gab keiner der Wachen oder der Polizei jemals einen Grund auf mich aufmerksam zu werden. Ich schaffte es, nicht aufzufallen. Wenn ich jetzt zurückblicke, kann ich die Risiken, die ich eingegangen bin, nicht glauben. Doch ich kehrte jedes Mal ohne irgendwelche Probleme ins Lager zurück. Ich besuchte die Familienmitglieder und jeder wusste, welcher Gegenstand ihm gehörte. Ihre Hoffnung war es, die Oberschicht unserer Wachen zu bestechen, um ihren Lieben vorübergehende Freiheit zu verschaffen.

Als Bote musste ich auch Gegenstände innerhalb des Arbeitslagers ausliefern. Es gab eine deutsche Wache, dessen Name ich nicht mehr sicher bin, aber ich glaube, es war Nimitz. Er war für die ukrainischen Wachen verantwortlich. Offizier Nimitz's Frau wollte einen hausgemachten Kuchen aus der Küche. Es wurden Vorkehrungen getroffen und ich wurde von einer der ukrainischen Wachen gerufen und aufgefordert, den Kuchen abzuholen und an Offizier Nimitz's Frau zu liefern. Mit der Drohung, geschlagen zu werden, sollte der Kuchen nicht sicher ankommen, machte ich mich auf den Weg. Offizier Nimitz bedankte sich bei mir, bemerkte aber einen blauen Fleck an meinem Arm. Ich wechselte sofort das Thema. Meine Verletzung erklären hätte Ärger bedeuten können. Ich kannte meinen Platz in dieser von den Nazis geführten Welt.

Mehrmals wurde ich auserwählt, Gegenstände an Offizier Nimitz zu liefern, der den Anschein machte, mich etwas zu beschützen. Es schien, dass die ukrainischen Wachen sich nicht die Mühe machten, mich zu belästigen. Eines Tages teilte mir Offizier Nimitz mit, dass das Lager in naher Zukunft umstellt und liquidiert werden würde und forderte mich auf, mir eine Jacke und ein Paar Stiefel zu nehmen und das Lager nach Süden hin zu verlassen. „Was ist mit Ihnen?" fragte ich. Offizier Nimitz antwortete: „Ich werde wegschauen." Diese Situation trat nie ein, da ich bereits vorher aus dem Lager genommen wurde.

Das Leben in diesem Zwangsarbeitslager war, wie zu erwarten, miserabel. Menschen wurden aus keinem anderen Grund als dass sie jüdisch waren, geschlagen. Fluchtpläne waren üblich. Eine Gruppe junger Leute im Alter von achtzehn bis vierundzwanzig Jahren plante ihre Flucht in die Freiheit. Ich stand vor der Entscheidung, mich ihnen anzuschließen oder dort zu bleiben. Die Flucht kreiste beständig in meinen Gedanken; doch ich war jung. Ich hatte nicht das Gefühl, dass dies der richtige Zeitpunkt war, um zu fliehen. Meine Intuition und der sechste Sinn, der sich durch meine Familie zog, hatten mich mein ganzes Leben lang geführt und in dieser Situation war nicht anders. Widerwillig beschloss ich zu bleiben. Die Realität war, dass Juden gehasst wurden und niemand Hilfe anbieten würde. Ich hielt mich an das unausgesprochene Gebot, zu schweigen, dass seit dem Waisenhaus Teil meines Lebens war und sprach ein stilles Gebet, dass den Freunden die Flucht gelingen würde.

Eine Sache, die mich immer schon geärgert hat, war jemand, der sagte, dass eine Person jüdisch aussieht. Ich weiß noch immer nicht, wie jemand jüdisches aussieht. Ich hatte blonde Haare mit hellen Augen und wurde wiederholt darauf hingewiesen, dass ich nicht jüdisch aussehe. Aus irgendeinem unheimlichen Grund konnten das polnische und das ukrainische Volk eine jüdische Person mit Leichtigkeit erkennen.

Die Gruppe von Freunden einigte sich darauf, dass sie in den Wald gehen und in Richtung Ostfront gehen würden. Sie alle waren sich einig und legten ein unzerbrechliches Gelübde ab, alle denen sie während dieser Flucht begegneten zu töten, egal, wem sie begegneten. Immerhin waren all ihre Familienmitglieder von den Nazis und Ukrainern ermordet wurden. Die Bauern und Bauern erhielten ihre Belohnungen für die Auslieferung eines Juden. Die Gruppe einigte sich, dass dies der einzige Weg war, um zu überleben.

Sie konnten nach ihrer Flucht nicht länger als ein oder zwei Tage unterwegs gewesen sein, als sie im Wald auf einen Waldarbeiter stießen. Es war offensichtlich, dass dieser sie als entkommene jüdische Gefangene erkannte. Sie waren bereit, zu ihr Gelübde zu erfüllen - sie würden ihn töten müssen. Doch es gab ein Problem. Keiner dieser jungen Männer war ein Verbrecher, geschweige denn ein Mörder. Ihr einziges Verbrechen war es, jüdisch zu sein. Als der Waldarbeiter um sein Leben bat, weinte, dass er eine Frau und Kinder hätte und auf die Bibel schwor, dass er niemals sagen würde, dass er sie gesehen hatte, hielten die Gefangenen inne. Die jungen Männer unterhielten sich und waren sich einig, dass seine Worte aufrichtig klangen. Er gab ihnen sogar sein Essen für ihre Reise in die Freiheit. Sie ließen den Waldarbeiter gehen.

Am nächsten Tag wurden sie dafür belohnt, aufrechte und fürsorgliche Menschen zu sein. Sie waren von der Gestapo umgeben und der Waldarbeiter wies auf sie. Einer meiner Freunde konnte fliehen und kehrte ins Lager zurück, um uns die Geschichte zu erzählen. Der polnische und ukrainische Hass auf die Juden hatte eine Farce aus einem Akt der Barmherzigkeit gemacht.

In Mraznica war ich mit anderen jungen Männern meines Alters aus meiner Stadt zusammen. Ich hatte ein paar Freunde, mit denen ich redete. Mein bester Freund und entfernter Verwandter Abe war ebenfalls ein Gefangener, obwohl wir nicht in derselben Baracke waren. Abe und ich würden lebenslange Freunde bleiben. Zu diesem Zeitpunkt hatten wir beide Verluste erlitten und boten uns gegenseitige Unterstützung, die man von einem Freund und Verwandten erwarten würde. Ein anderer junger Mann hieß Leon Ettinger. Ich behielt ihn im Auge und er mich. Leon ging mit dem Gewicht der Welt auf seinen Schultern herum. Er bemühte sich so sehr, seine Mutter zu beschützen. Er fand jemanden, den er für einen rechtschaffenen Mann hielt, einen Förster, der sich bereit erklärte, seine Mutter für Geld zu verstecken, das monatlich gezahlt werden würde. Leon hielt sich an ihre Absprache und leistete seine Zahlungen umgehend. Doch die Frau des Försters wollte keine Jüdin verstecken. Es war ein Risiko, das sie wahrscheinlich nie hatte eingehen wollen. Man konnte zu Beginn finanzielle Belohnungen für die Abgabe eines Juden erhalten, doch das Verstecken einer jüdischen Person könnte auch zum Tod führen. Leon erfuhr, dass die Frau des Försters zur Polizei gegangen war und seine Mutter ausgeliefert hatte. Trotz all seiner Bemühungen, sie zu beschützen, wurde seine Mutter sofort getötet.

Was hätte ich Leon sagen können, um seinen Schmerz zu lindern? Was hätte jemand von uns dem anderen sagen können? Leon wollte Rache und der Drang nach dieser verzehrte ihn. In blinder Wut ermordete er den Förster. Seine Frau, die wusste, wie Leon aussah, wartete vor den Toren von Mraznica, als die Gefangenen zu ihren Arbeitsplätzen marschierten. Über drei Wochen lang halfen wir alle, Leon zu verstecken. Dies war keine leichte Aufgabe, doch viele von uns passten auf unsere eigenen Leute auf. Ein paar Wochen vergingen und Leon musste wieder arbeiten. Er dachte, dass genug Zeit verstrichen sei und ergriff seine Chance. Die Frau des Försters erkannte ihn jedoch sofort, als den Mann, von dem sie gerne Geld angenommen hatte. Einer der Mraznica zugewiesenen SS packte Leon und nahm ihn mit.

Als wir nach der Arbeit in das Zwangsarbeitslager zurückkehrten, wurden wir zum Appellplatz gerufen. Wir mussten zusehen, wie der SS-Mann Leon mit einem Schlagstock zu Tode schlug. Mir war schlecht und ich litt unter einem Schmerz, der mein Herz und meine Seele verbrannte. Ein anderer Freund und ich machten uns langsam auf den Weg zurück in die Kaserne und sprachen das Trauerkaddisch für Leon Ettinger und seine Mutter. Leon war ein weiterer Mensch, der versucht hatte, seine Mutter zu beschützen und jetzt waren beide tot.

Abe und ich waren untröstlich, dass wir uns so schmerzhaft von einem Freund hatten verabschieden müssen, doch es blieb nicht mein einziger Abschied. Ohne Vorwarnung wurde Abe ausgewählt, um in ein Zwangsarbeitslager außerhalb von Lemberg gebracht zu werden. Dieses Lager war als schrecklich und gefährlich bekannt.

---

1. Sein Titel war *Judensachbearbeiter bei der Dienststelle des SS- und Polizeiführers Galizien in Lemberg und Inspekteur des Gesetzgebers ZAL im Distrikt Galizien.*

9

DIE INTUITION EINER MUTTER

Während einer meiner vielen Besuche in der Stadt machte ich bei einem deutschen Metzger Halt. Der Mann hinter der Theke erkannte meine Anwesenheit stets an und war sehr höflich. Er behandelte mich weiterhin mit der gleichen Freundlichkeit und der gleichen Achtung. Als er mir etwas Fleisch und Brot überreichte, ließ er mich wissen, dass meine Schwester Faiga und ihr Mann einige Monate zuvor ein kleines Mädchen bekommen hatten. Meine Schwester hatte die außergewöhnliche Fähigkeit, kommende Dinge zu spüren. Ihre Intuition ließ sie glauben, dass Unheil ihre geliebte, kleine Tochter in naher Zukunft befallen könnte.

Um ihr Leben zu retten, legten sie und ihr Mann das Kind in einen Koffer und ließen sie vor dem Tor eines christlichen Waisenhauses in Boryslaw zurück. Ich erfuhr, dass die Adoptiveltern den Namen meiner Nichte zu Adelle Bramska geändert hatten. In Polnisch bedeutet Bramma: Tor. Als der Metzger begann, mir von der Adoption zu erzählen, kam die Gestapo in den Laden und sein Verhalten änderte sich augenblicklich. Das war mein Stichwort zu gehen, um ihn zu beschützen.

Einige Wochen vergingen und ich erfuhr von dem ersten Massenmord in unserer Stadt. Hunderte von Menschen waren gezwungen worden, ein Massengrab auszuheben. Dann wurden sie ihrer Kleidung beraubt und von der Nazi SS erschossen.

Eines Tages, als ich die Metzgerei wieder als Bote besuchte, gab mir der Mann hinter der Theke etwas zu essen. Er erzählte mir, dass meine Schwester zu denen gehörte, die bei den Massenerschießungen getötet worden waren. Eine polnische Frau hatte meine liebe Faiga verraten und ein paar Reichsmark verdient, indem sie eine Jüdin ausgeliefert hatte. Zusätzlich zu dem Geld hatte sich diese Frau um Faigas Mantel bereichert. Meine Schwester hatte einen sehr einzigartigen Mantel, der nicht nur von ihrem Beruf als Kosmetikerin sprach, sondern auch von ihren kreativen Geist. Als ich mich umdrehte, sah ich eine Frau, die genau diesen Mantel trug. Ich sah den Metzger an, der mir wissend zunickte.

Etwas passierte in mir über und ich ging der Frau nach. Ich war voller blinder Wut und wollte Rache für meine Schwester, für alles, was meiner Familie passiert war und für alles, was noch geschehen würde, für jeden Verrat und für jeden Mord. Als ich sie verfolgte, sah ich aus dem Augenwinkel einen Gestapo-Mann auf mich zukommen. Dies brachte mich zurück auf den Boden der Tatsachen und meine Rachegedanken ließen augenblicklich oder zumindest für den Moment nach. In gewisser Weise bin ich für die Anwesenheit des Gestapo-Mannes an diesem Tag dankbar, da ich somit sagen kann, dass ich noch nie einen anderen Menschen getötet habe. Selbst in der intensivsten Wut, die ich mir jemals vorstellen könnte, verlor ich meine Menschlichkeit nicht.

Meine Schwester, die für ihre Intuition bekannt war, vermutete wahrscheinlich, dass etwas Schlimmes passieren würde. Die Behandlung von Säuglingen und Kindern durch die Nazis war bekannt. Faiga brachte das ultimative Opfer, um ihr Kind am Leben zu erhalten. Wir konnten es nie finden. Vielleicht war das das Beste für es.

Als sich das Arbeitslager auf die Schließung vorbereitete und die Gebiete Drohobycz und Boryslaw als judenrein erklärt wurden, hinterließ ich nur ein paar Informationen über meine Familie, kleine Fragmente, um mich am Laufen zu halten, wenn auch nur kleine. Aber es gab noch so viel mehr, was ich immer noch nicht wusste.

10

PLASZOW

Im April 1944, nachdem ich zwei Jahre lang unter den Nazis Zwangsarbeit geleistet hatte, fand ich mich damit ab, dass meine geliebte Mutter nicht wiederkommen würde. Ich wusste, dass meine Schwester beim ersten Massenmord in Boryslaw umgebracht worden war. Ich wollte Gerechtigkeit für den schrecklichen Tod meiner Familie. Ich wollte Gerechtigkeit für meinen unendlichen Hunger. Ich wollte Rache für jeden Peitschenhieb und jeden Fluch, der auf meinen Körper fiel. Meine Hoffnung und mein Geist ließen nach und vor meinen Augen nahm eine schreckliche Frage Gestalt an: Was gab es für mich außer meiner Familie?

Eines Tages wurde mir gesagt, ich solle mich mit meinen Sachen am Kino melden und dann wurde ich ohne Vorwarnung in einen Viehwagon gestoßen, dessen Ziel unbekannt war. Zu diesem Zeitpunkt wusste ich nur zu gut, wozu die Nazis fähig waren und was das Ziel sein konnte. Wir nannten diejenigen, die von Gaskammern und Krematorien sprachen, nicht länger verrückt. Als wir in die Viehwagons, die nicht einmal für Tiere waren steif vom Stehen mit so wenig Platz. Als sich meine Augen an das Licht gewöhnt hatten, sah ich, dass wir uns in Plaszow befanden, einem südlichen Vorort von Krakau.[1]

Was für ein seltsamer Ort es war! Ich schaute mich um und sah Grabsteine, Zementblöcke mit hebräischer Schrift. Es gab auch zerbrochene Steine, die auf dem Boden lagen und es traf mich wie ein Schlag: Wir waren auf oder nahe des alten jüdischen Friedhofs in Krakow, was irgendwie passend erschien. Das Arbeitslager war auf dem Gelände zweier ehemaliger jüdischer Friedhöfe errichtet worden. Sollte ich hier sterben, würde ich immerhin die Würde haben, an einem Ort zu liegen, der einst für viele heilig gewesen war.

Vor meiner Ankunft im Jahr 1944 war Plaszow als Zwangsarbeitslager ausgewiesen worden. Als das Krakauer Ghetto judenrein erklärt worden war, wurden diejenigen, die nicht nach Belzec gebracht wurden (wo sie getötet worden), in Plaszow zur Zwangsarbeit gezwungen.

Dieses Lager umfasste mehrere Fabriken und einen ehemals wunderschönen Hügel, auf dem diejenigen, die in der Stadt lebten, ein Picknick zu sich nehmen und mitten in der Stadt ein Stück Land genießen konnten. Diese Tage erschienen jetzt in weiter Ferne zu liegen. Der Nazi-Kommandeur und sein Assistent zerstörten die Ruhe dieses Hügels vollständig. Häftlinge und Widerstandskämpfer wurden auf den Hügel gebracht, um erschossen und begraben zu werden. Die in Plaszow getöteten Menschen wurden ebenfalls auf diesem Hügel begraben. Er wurde von den Gefangenen nach Amon Goeths Assistent Albert Hujar benannt, so dass er den Namen Hujowa Gorka erhielt. Es war keine Ehre, den Hügel nach diesem Mann zu benennen, da der Name ihn als Penis oder seinem vulgären Gleichnis betitelte.

Amon Goeth (1908-1946) war bis zum 13. September 1944 Kommandant von Plaszow.[2] Goeth war nicht nur verrückt, sondern auch ein Sadist. Er empfand Freude am Töten. Sein Haus stand auf einem anderen Hügel hoch über dem Lager, von wo aus er willkürlich Gefangene erschoss, die ihren Aufgaben nachgingen. Er ging mit Wachhunden herum und befahl ihnen ohne jegliche Provokation Gefangene in Stücke zu reißen. Goeth veranstaltete Feiern mit einer eigenen Auswahl an Köchen und Musikern aus den Reihen der Gefangenen.

Als der Geruch von verwesenden Körpern nicht mehr ignoriert werden konnte, gab es einen Besuch von einigen Berliner Beamten. Alle auf dem Hügel begrabenen Leichen sollten exhumiert werden. Dies wurde natürlich zu einem Arbeitsauftrag. Nachdem die Leichen exhumiert worden waren, wurden sie in Brand gesetzt. Hitlers Handlanger hofften, dass jetzt alle belastenden Beweise gelöscht worden waren; Beweise für die schrecklichen Verbrechen, die buchstäblich in Rauch aufgingen.

Als ich in Plaszow ankam, stellte ich schnell fest, dass es keine Regeln gab, nach denen ich mich richten konnte. Der Kommandant war verrückt; den einen Moment sah ich einen anderen Mann stehen und im nächsten war er erschossen. Ich hatte keine Ahnung, was ich denken sollte. Ich konnte nirgendwo in seiner Nähe eine Wache sehen. Ich schaute zum Hügel, wo sich ein Haus befand. Mein Blick fiel auf einen Mann, der mit einer Waffe auf dem Balkon stand. Es war Goeth. Ich hatte keine Ahnung, was der arme Mann in Goeths Fadenkreuz getan hatte, als er tot umfiel. Es spielte keine Rolle. Es war nur Goeth seine Art, unschuldige Menschen für Zielübungen zu verwenden. Diese Schießerei fand innerhalb von Minuten nachdem wir aus dem Zug gestiegen und zu den Duschen marschiert waren statt.

Zu diesem Zeitpunkt kam mir etwas in den Sinn. Ich wurde immer besser darin, auf Deutsch zu kommunizieren. Es war ähnlich wie Jiddisch, das sanfter ist als die harte und gutturale Sprache des Deutschen. Mit jedem Tag schienen sich meine Sprachkenntnisse der deutschen Sprache zu verbessern. Im Laufe der Jahre lernte ich Deutsch und auch mehrere andere Sprachen fließend.

Plaszow, Deutsches Konzentrationslager nahe Krakau (zuerst in Poland vor dem 1. Mai 1989 ohne Copyright Vermerkt veröffentlicht) – von wikimedia.org

1. Wann immer ich über Plaszow spreche, werde ich immer gefragt, ob ich auf Schindlers Liste stand. Die Wahrheit ist, dass ich nichts von Schindler oder seine Liste wusste. Es gab viele Fabriken in der Nähe von Krakau, doch ich kam nicht aus der Gegend. Ich ziehe vor dem was Oscar Schindler getan hat, um vielen das Leben zu retten, den Hut. Hätte es mehr Menschen wie ihn gegeben, hätten mehr die Nazi-Todesmaschinerie überlebt.
2. Bei der Verhandlung des Obersten Nationalen Tribunals Polens, vom 27.-31. August und vom 2.-5. September 1946, wurde Amon Goeth für schuldig befunden und gehängt.

11

NUMMER 12891

Nachdem wir den Zug verlassen hatten, wurden wir in Fünferreihen aufgestellt. Von diesem Punkt an war die Aufstellung immer in fünf Fünferreihen. In diesen Kolonnen marschierten wir zu den Duschen. Während wir marschierten, sahen wir, wie unsere Koffer in von Pferden gezogenen Kutschen weggekarrt wurden. Als wir bei den Duschen ankamen, wurden wir unserer Kleidung beraubt und mit einem kleinen Stück Seife weggeschickt. Diese Seife hatte einen seltsamen Geruch. Das Wasser war eiskalt und als wir herauskamen, wurden wir mit einer Substanz von industrieller Stärke besprüht, angeblich um Läuse zu entfernen. Dann wurden wir überall rasiert. Es störte mich nicht, bis ich einige der jungen Frauen auf der anderen Seite des Zauns sah, die sich die Köpfe rieben und über den Verlust ihrer Würde weinten. Es war besonders für sie eine äußerst erniedrigende Erfahrung. Als ob dies nicht entmenschlichend genug gewesen wäre, mussten wir auch unsere Identität aufgeben. Ja, wir wurden unserer Namen beraubt. Wir waren jetzt buchstäblich nur noch Nummern. Ich war kein Mensch mehr namens Henek. Ich war, ganz einfach, Nummer 12891.

Neben meiner neuen Identität durfte ich auch keine Zivilkleidung mehr tragen. Ich bekam eine gestreifte Uniform aus rauem, dünnem Material. Es gab Hosen, ein Hemd und eine Mütze. Ich bekam Schuhe, die kaum mehr als Holzstücke mit einem Plastikband waren. Als ich mich umsah, sah ich viele Leute ohne Schuhe. Ich nahm mir vor, meine Schuhe zu behüten.

Ich fühlte mich in meiner neuen, gestreiften Uniform unbehaglich und unwohl, während wir zu den Baracken liefen. Die Uniformen waren, wie zu erwarten, nicht gut verarbeitet oder der Körpergröße entsprechend. In den Baracken befanden sich Holzregale, die ungefähr dreiundzwanzig Meter lang und neun Meter breit waren, mit drei Reihen auf jeder Seite. Wir sollten auf diesen harten Brettern schlafen. Einige hatten Decken, andere nicht. Was ich in dieser ersten Nacht lernte, war, dass ich meine Decke mit zwei anderen Menschen teilen würde. Direkt vor der Baracke befanden sich die Latrinen. Wir bekamen jeweils eine rote Blechschale und einen Löffel. Ich machte einen Gürtel aus einer Schnur, um die Hose meiner schlecht passenden Uniform hochzuhalten. Die Schnur diente auch zum Festbinden meines Zinnbechers, in dem sich das ‚Essen und die Flüssigkeiten' befanden, von denen wir nur wenig erhielten. Manchmal enthielt die Schale etwas Wasser, damit ich mich waschen konnte. Ich schärfte langsam die andere Seite meines Löffels. Wenn wir das Glück haben würden, Marmelade mit unserem Brot zu bekommen, wollte ich es verteilen können. Ich klammerte mich mit aller Kraft an diese Objekte, da sie mein einziger Weg waren, um zu überleben.

Ich lernte früh, mich an dem festzuhalten, was ich hatte. Meine neu zugewiesenen Holzschuhe wurden zu meinem Kissen. Ich war mit Leuten aus ganz Europa in der Baracke untergebracht. Es gab Franzosen, Russen, Griechen, Niederländer und Norweger. Verantwortlich für jeden Block war ein Blockältester. Dieser sorgte dafür, dass die Baracken gereinigt wurden, verteilte Brot und sorgte auch dafür, dass wir es zum Appellplatz schafften. Die ausgewählten Blockältesten waren nicht nett. Wie so viele andere dachten sie, sie seien in Sicherheit, indem sie die Gebote der Nazis ausführten. Sie waren nicht besser als die jüdische Polizei. Sie verkauften ihre Seelen an den Teufel. Wir lernten, dass wir, um zu überleben, gute Beziehungen zu den Blockältesten haben mussten. Ich tat mein Bestes, um ein niedriges Profil aufrechtzuerhalten, indem ich mich so gut es ging anpasste und nie Ärger machte.

Die Arbeit wurde von sogenannten Kapos beaufsichtigt. Ein Kapo war auch ein Gefangener. Einige waren politisch, einige waren Mörder und einige waren Juden. Die Farbe des Dreiecks auf ihren Uniformen bestimmte ihren Status. Im Allgemeinen war man bei einem Arbeitsauftrag mit einem politischen Gefangenen besser dran, als bei einem sadistischen Verbrecher. Meine Uniform zeigte einen Davidstern.

In Plaszow lernte ich es, zu organisieren. Und damit meine ich nicht, meine wenigen Sachen in Ordnung zu halten. Wir organisierten zusätzliches Essen und die kleinen Dinge, die wir benötigten. Im Wesentlichen arbeiteten wir mit anderen zusammen, um die Dinge, die wir zum Überleben benötigten, zu beschaffen. In gewisser Weise war das Organisieren Diebstahl. Die Deutschen hatten uns all unsere Sachen genommen. Wir arbeiteten sozusagen mit anderen zusammen, um ein paar der wichtigsten Dinge zurückzubekommen.

Das Essen war knapp. Jeden Morgen erhielten wir eine sehr trockene Scheibe Brot, die mit Sägemehl angereichert war. Es gab eine Flüssigkeit, die sie Kaffee nannten, doch sie hatte keinerlei Ähnlichkeit mit Kaffee oder irgendetwas anderem, was wir jemals probiert hatten. Später am Tag bekamen wir eine Suppe, die nichts Erkennbares enthielt. Wir hatten das Glück zwischen vierhundert und sechshundert Kalorien pro Tag zu bekommen. Ich entdeckte, dass es ein Standardkochbuch gab, das zwischen den Konzentrations-, Arbeits- und Todeslagern geteilt wurde. Es war erstaunlich, dass das Essen und die Suppe jeden Tag und in jedem Lager gleich waren, egal ob in Polen, Österreich oder Deutschland. Also versuchten wir, mehr Essen zu organisieren. Die Tatsache, dass ich ein Bote für den jüdischen Rat im Ghetto gewesen war, war in den Augen der Nazis wertlos. Trotzdem fungierte ich von Zeit zu Zeit wieder als Bote. Hin und wieder wurden wir für harte Arbeit mit Zigaretten belohnt. Diese waren eine begehrte Ware. Ich tauschte Zigaretten gegen Brot, da ich kein Raucher war. Das Organisieren war wichtig, um mich davon abzuhalten, ein Muselmann zu werden. Muselmann war eine Bezeichnung für abgemagerte, ausgelaugte und von der Realität losgelöste Menschen, die im Wesentlichen nur noch wandelnde Tote waren.

In Plaszow leistete ich auch harte körperliche Arbeit. Ich war kein Schneider und hatte kein wirkliches Handwerk gelernt. Die Arbeit konnte alles sein, vom Grabengraben bis zum Wegkarren von Leichen. Ich stellte sicher, dass ich das Trauerkaddisch sehr leise für die armen Seelen sagte, die der Tod ereilte. Mir war völlig bewusst, dass die Person im Wagen jemandes Sohn oder Vater gewesen war.

Die Tage begannen früh in Plaszow. Wir wurden um 5 Uhr morgens geweckt, zu den Latrinen geschickt und dann zum Appell gerufen. Unter den wachsamen Augen der Kapos erledigte ich jeden Tag verschiedene körperliche Arbeiten, außer an den Tagen, an denen ich wegen besonderer Arbeit in die Stadt ging.

Es war nicht leicht durchzukommen. Ich kannte einige der anderen Männer aus Boryslaw und Drohobycz sowie die aus dem Zwangsarbeitslager. Jeder von uns hatte seine eigenen kummererfüllten Geschichten. Obwohl wir nicht dachten, wir hätten genug Vermögen oder Energie für Mitgefühl, hatten wir es seltsamerweise. Viele von uns waren in ähnlichen Situationen. Wir hatten nicht den Luxus, eine Bruderschaft zu bilden. Wir nahmen alles, was wir konnten, nur um am Leben zu bleiben.

Während meiner Zeit in den Lagern begegnete ich Menschen, die ich aus meiner Heimatstadt kannte. Es war schön, ein bekanntes Gesicht zu sehen. Was passiert war, hatte uns tiefgreifend verändert. Wir waren nicht mehr dieselben. Es war am besten, die Gespräche immer oberflächig zu halten. Woher kommst du? Bist du allein? Man wusste nie, wem man vertrauen konnte. Menschen tun Dinge, wenn sie um ihr Leben kämpfen, die sie sonst nicht tun würden. Ich schützte mich so gut ich konnte, ohne dabei aus den Augen zu verlieren, dass ich Hilfe anbieten konnte oder auch einmal Hilfe gebrauchen könnte.

Ich wollte nicht wie die Kapos werden. Ich hatte einen moralischen Kompass und sorgte mich um andere. Indem ich mitfühlend war, hatte ich das Leben im Waisenhaus überlebt. Ich legte das stille Gelübde ab, dass ich, wann immer möglich, Hilfe anbieten und alles tun würde, um meinen Mitmenschen das Leben ein wenig besser zu machen. Gleichzeitig war ich entschlossen, mich bei dieser Tortur nicht zu verlieren, egal, was passierte. Ich war mir bewusst, dass ich zuerst kommen musste, um zu überleben. Die Nächte waren am schwersten. Schlafen war schwierig. Während ich ein Zimmer mit vielen anderen im Waisenhaus geteilt hatte, war es hier anders.

Weinen, Gemurmel und Beten war die ganze Nacht über zu hören. Wir waren eingeengt und konnten uns nicht einfach drehen, um es uns gemütlich zu machen. Wir waren alle sehr gereizt. Die drei Ebenen machten es schwierig, wenn jemand die Latrinen benutzen musste. Dies war normalerweise sowieso verboten, wenn die Lichter aus waren.

12

EIN TAG IN PLASZOW

Es begann wie jeder anderer Tag in Plaszow. Wir wurden unfreundlich von den typischen Rufen geweckt: „Schnell, schnell! Bewegt euch, ihr Scheißjuden!" Es lag jedoch ein gewisses Gefühl in der Luft, eine Kälte, die mir bis ins Mark ging. Es war ein Gefühl tiefgreifender Angst.

Ein Wort ging um, von einer Person zur Nächsten: Selektion. Die Anzahl der Menschen im Lager war auf fast 20.000 gestiegen. Es gab Menschen aus ganz Europa. Ein Gespräch zu führen war schwierig, da so viele von uns verschiedene Sprachen sprachen. Doch irgendwie konnten wir kommunizieren. Für viele war Plaszow die erste Station. Viele der 'erfahreneren Bewohner' waren der Meinung, dass wir die neuen führen mussten, um sie unter diesen Umständen so sicher wie möglich zu halten.

Als wir die neueren Häftlinge zu was auch immer führten, gingen wir zu der Selektion. Viele von uns wussten zu diesem Zeitpunkt genug, um zu wissen, dass eine Selektion nichts Gutes verhieß. Wir wurden gezwungen uns nackt auszuziehen und dann an einigen deutschen Offizieren vorbei zu gehen und manchmal, auf Ihren Befehl, auch Gymnastikübungen zu machen, damit sie eine Entscheidung treffen konnten, ob wir fit genug waren, um weiter zu leben.

Als ob diese Situation nicht stressig und unmenschlich genug wäre, wurde dieser bizarre Auswahlprozess zu Musik durchgeführt. Obwohl ich weder den Komponisten noch alle Wörter kenne, ging sie ungefähr so: „Es geht alles vorüber und Blumen werden wieder blühen im Mai." Es war eine surreale Erfahrung, wie eine Vorstellung aus der Hölle.

Wieder meinte es das Schicksal gut mit mir und rettete mich. Als ich an die Reihe kam, wurde ich mit der einfachen Bewegung einer Reitpeitsche zur Rechten geschickt. Einfach so wurde mir noch ein Aufschub gewährt. Ich hatte einen weiteren Tag überlebt. Die Schreie der voneinander getrennten Menschen verfolgen mich noch heute. Weinen und Schreie konnten gehört werden. Es war klar, dass Freunde und geliebte Menschen auseinander gerissen wurden.

Trotz der inneren Unruhen von Selektion und Segregation ging das Leben weiter.

13

KINDER IN PLASZOW

Ich traute meinen Ohren nicht, als mir einer meiner Freunde aus meiner Heimatstadt diese Geschichte über Plaszow erzählte. Ich hörte sie erst, als ich diesen Ort bereits verlassen hatte. Mein Freund erzählte mir, dass diejenigen, die noch Familien hatten, ihre Kinder nach Plaszow brachten, als das Ghetto geleert wurde. Ich hackte noch einmal nach. Kinder in der Hölle! Jedoch hatte ich noch nie ein Kind in Plaszow gesehen. Meinem Freund zufolge wurde den Menschen versprochen, dass die Kinder während ihrer Arbeit gut betreut werden würden. Es gäbe sogar einen speziellen Bereich für Kinder. Es wäre eine Gruppe kleiner Baracken mit einem eingezäunten Spielplatz. Ich schüttelte den Kopf, als er die Geschichte weitererzählte. Ich war geschockt. Monate nachdem ich Plaszow verlassen hatte, durchforstete ich mein Gedächtnis. Nie hatte ich den besonderen Bereich, einen Spielplatz oder Kinder gesehen.

Zu diesem Zeitpunkt wussten die meisten von uns bereits, dass wir nichts glauben konnten, was die Nazis uns erzählten, doch diese Eltern hatten geglaubt, dass ihre Kinder in Sicherheit sein würden. Es war ein grausamer Witz. Während die Erwachsenen mit der Arbeit beschäftigt waren, kam alles zum Stillstand. Musik wurde aus den Lautsprechern geleitet, diesmal war es jedoch eine andere Art von Musik. Es gab einen unerwarteten Appell, bei dem sich alle fragten, warum. Diese Zählung schien für immer zu dauern, während die Musik spielte. Ohne die übliche Fanfare wurden sie aus dem Appell entlassen und mein Freund hörte plötzlich Schreie und Weinen. Die Kinder wurden zusammengetrieben und auf Lastwagen gesetzt und ihren Eltern weggenommen. Erst viel später erfuhr mein Freund, dass diese unschuldigen Kinder mit einen Transport nach Auschwitz gebracht worden waren, um sofort ermordet zu werden. Ich war abgestumpft und doch konnte ich nicht verleugnen, was mein Freund mir erzählte. Warum hätte er das erfinden sollen? Soweit ich die Taktik der Nazis kannte, schien dieses Ereignis zu ihren Methoden zu passen. Jetzt weiß ich, dass dies tatsächlich geschah.

Später fand ich heraus, dass gegen Amon Goeth ermittelt wurde, da er Geld von dem Dritten Reich gestohlen hatte. Vielleicht war dies seine Art, um wieder in Gunsten zu stehen, indem er diejenigen, die nicht arbeiten konnten, in den Tod schickte. Dies beinhaltete wahrscheinlich die erste große Selektion und den Abbau des Kinderlagers. Aus Sicht der Nazis waren Kinder und ältere Menschen nur eine Belastung für die deutsche Wirtschaft.

Als ich in Plaszow war, hörte ich Gerüchte über dort lebende Kinder. Als mein Freund jedoch seine emotionale Last auf mich ablud, wusste ich, dass dies eine von vielen Geschichten sein würde, die mir im Gedächtnis bleiben würden. Sie zeigte wie grausam die Nazis Kinder behandelten und wie wenig Respekt sie für die Familieneinheit hatten. Die Verzweiflung die Frau oder das Kind nicht schützen zu können. Als ich diese Geschichte hörte, wurde ich von Wut befallen. Es hätte mir nicht gleichgültigerer sein können, welche Arbeit ich verrichtete. Es war nichts weiter als ein Mittel, um meine Wut zu kanalisieren. Es musste Gerechtigkeit geben. Manchmal war dieser Gedanke alles, woran ich mich festhalten konnte. Er war alles, was jeder von uns hatte. Ich war in der Hölle.

Nach dem Krieg sagte ich während den Dachauer Prozessen gegen Amon Goeth aus. Goeth wurde zum Tode verurteilt.

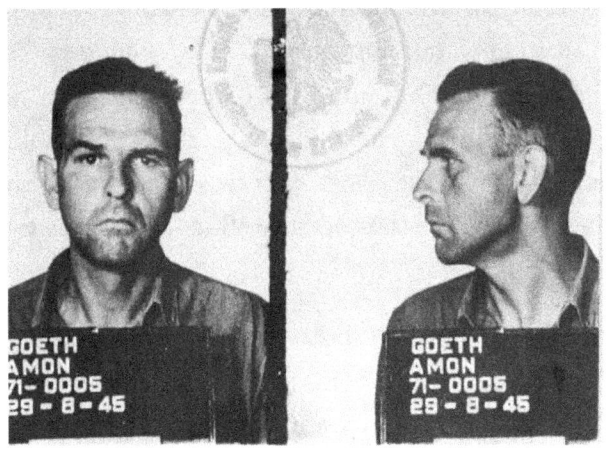

Amon Goeth als Gefangener (29. August 1945), zuerst vor dem 1. März 1989 außerhalb der USA ohne Copyright veröffentlicht, von wikipedia.org

14

WIELICZKA

Ich blieb ungefähr vier Monate lang in Plaszow und wurde im Juni in ein Außenlager namens Wieliczka überstellt. Wieliczka war ursprünglich ein Salzbergwerk, wurde aber kurz vor meiner Ankunft in ein Konzentrationslager umgewandelt. Es wird häufig mit Auschwitz in Verbindung gebracht, obwohl es etwa fünfundsechzig Kilometer entfernt liegt. Wie Auschwitz war es ein Vernichtungslager.

Während des Nazi-Regimes wurden mehrere tausend Juden aus den Zwangsarbeitslagern in Plaszow und Mielec nach Wieliczka transportiert. Als Wieliczka als Konzentrationslager diente, war das Salz, für das die Stadt bekannt war, bereits abgebaut. Die Deutschen verwendeten Zwangsarbeiter, um ein unterirdisches Gelände zu bauen, wo sie Flugzeugteile und Munition produzieren wollten. Die Nazis waren ziemlich geschickt darin, ihre bösen Absichten vor der Welt zu verbergen.

Wieliczka war in vielerlei Hinsicht nicht anders als Plaszow. Die Baracken waren ähnlich und die Hierarchie war dieselbe. Jede

Baracke hatte eine Blockältesten und jedes Arbeitsdetail hatte einen Kapo. In Bezug auf Grundstruktur und Funktionsweise war das Leben hier nahezu identisch: Es war die Hölle.

Die Arbeit fand in einer Höhle an der Seite eines Abhanges statt und es war daher etwas kühler als in der Sommerluft. Wir mussten weit über den Punkt der Erschöpfung hinaus arbeiten. Viele starben als Sklaven, die sich die Mühe machten, diese Anlage zu bauen, die mehr Tod und Zerstörung ermöglichen würde. Wir erhielten sehr wenig Essen. Jeden Tag spürte ich den Hunger und Durst stärker. Die Arbeit mag anders gewesen sein, doch die Grausamkeit und der Sadismus waren gleich.

Ich bemühte mich, meinen Glauben an G-tt nicht zu verlieren. Oft fragte ich mich, wann er uns aus dieser Hölle retten würde. Was hatten wir getan, um so grausam behandelt zu werden? Zu diesem Zeitpunkt erinnerte ich mich an meinen Religionsunterricht aus meinen frühen Tagen im Waisenhaus. Es war, als würde G-tt meine Fragen und Gebete beantworten. Als ich grub, um den Deutschen eine Fabrik zu bauen, damit ihre Träume von Weltherrschaft bald Wirklichkeit sein würden, begann ich meine Gedanken auf eine höhere Macht zu konzentrieren. Es war nie unsere Aufgabe, G-tt in Frage zu stellen, sondern unser Vertrauen und unseren Glauben in ihn zu setzen. Den Menschen wurde freier Wille gegeben. Ich war ganz sicher ein Teil von etwas Größerem. Ich musste Vertrauen haben und erinnerte mich daran, niemals meinen Sinn für Menschlichkeit zu verlieren. Diesen hatte ich von meiner Mutter und es war diese Moral, nach der ich im Waisenhaus gelebt hatte. Wenn ich jemandem helfen konnte, der weniger Glück hatte, dann musste ich genau das tun. Ich konnte die Erinnerung an meine Mutter nur ehren, indem ich das Richtige tat. Mein Glaube wurde mir noch wichtiger.

Ich versprach mir selbst, nach Anderen Ausschau zu halten und mich allem zu widersetzen, bei denen einer von uns gegen einen Anderen kämpfen musste. Ich wurde in die Zeit zurück ins Waisenhaus versetzt. Damals hatte ich auch stark sein müssen, wenn auch aus anderen Gründen. Ich erinnerte mich daran, dass ich mich verpflichtet hatte zu leben, vielleicht als einziges überlebendes Mitglied meiner Familie. Ich gab auf mich und andere Acht. Um den Wachen und Kapos keine Entschuldigung zu geben, mich zu schlagen, grub und verstärkte ich die Mauer für die deutsche Höllenfabrik und errichtete gleichzeitig eine viel stärkere Mauer um mich selbst: eine Festung des Glaubens und der Hoffnung.

Am Ende des Arbeitstages kamen wir in unseren Fünferreihen aus den Minen. Ich werde nie vergessen, als meine Fünferreihe eine Leiche enthielt. Es gab natürlich unzählige Leichen, aber an diesem Tag und zu diesem besonderen Anlass gab es eine in meiner Reihe. Tot oder lebendig mussten wir in unserer Reihe sein.

Die Deutschen waren anspruchsvoll in Bezug auf Zahlen. Egal, was passierte, die gleiche Anzahl von Arbeitern, die in die Höhle gingen, musste herauskommen. Selbst wenn einer der Arbeiter tot war. Das Prinzip der fünf Fünferreihen hintereinander musste unter allen Umständen beibehalten werden. Wir waren immer in der gleichen Fünferreihe. Wir kehrten in die Baracke zurück und wurden mit etwas ähnlichem wie Suppe belohnt. Es war kaum genug, um uns am Leben zu erhalten. Ich hatte früh gelernt, dass es am besten war, nicht am Anfang der Essensschlange zu stehen, da Feststoffe, wie Fleisch und Gemüse, eher in meiner Schüssel landeten, wenn der Boden des Kochkessels näher war. In diesen Nächten fiel mir der Schlaf leichter. Weder die Schreie und das

Stöhnen, noch der Gestank hart arbeitender Körper hielten mich wach.

15

DIE FRONT KOMMT NÄHER

Wir erhielten keine Neuigkeiten darüber, was tatsächlich geschah, als der Krieg andauerte. Es fiel uns schwer zu hoffen, da kein Ende in Sicht war. Dies war so seit Beginn des Krieges, vor allem aber seit dem Betreten der Lager. Ein Sklave zu sein, zu hungern und misshandelt zu werden, wurde zur Norm. Würde es jemals enden? Wir hatten keinen Zugang zu Zeitungen oder Radios. Es war Juden seit Langem verboten, ein Radio zu besitzen. Wir hatten nie eines besessen, also verspürten wir den Verlust darüber auch nie.

Die Lage des Krieges ließ sich an der Stimmung der deutschen Offiziere ablesen. Je schlimmer es den Deutschen an der Front erging, desto grausamer waren sie zu uns. Es gab weniger Essen (falls das überhaupt möglich war), als der Krieg nicht zu Gunsten Deutschlands verlief. Mir wurde klar, dass das schlimmste Gefühl der Durst war. Wenn ich die Wahl hätte, hätte ich lieber meinen Durst gestillt, anstatt etwas zu essen. Doch ich hatte keine Wahl!

Irgendwann wurde klar, dass die Deutschen dabei waren den Krieg zu verlieren. Die Offiziere waren wütend und zwangen uns, länger zu arbeiten. Die Suppe, die uns am Leben erhalten sollte, enthielt keine Spuren von Nährstoffen mehr und schien nur noch schmutziges Wasser zu sein. Selbst am hinteren Ende der Essenschlange. Wie sollten wir das überleben?

Meine Zeit in Wieliczka war sehr kurz. Zum Glück habe ich die Fertigstellung des unterirdischen Geländes nie gesehen. Ich bin mir nicht sicher, ob es überhaupt fertiggestellt wurde. Neuankömmlinge teilten die Information, dass die Russen auf dem Vormarsch waren und dass es Zeit für uns war, weiter wegzuziehen. Eines war sicher, die Verlegung hatte nichts mit unserer Sicherheit zu tun. Wir erhielten nie Informationen darüber, was los war, wohin wir gingen oder warum. Uns wurde nur gesagt, wir sollten uns aufreihen. Natürlich in Fünferreihen.

16

REISE NACH MAUTHAUSEN

Der Tag, an dem wir zu den Eisenbahnschienen gestoßen und geschlagen wurden, war heißer als jeder Tag, den ich bis zu diesem Zeitpunkt oder seither erlebt hatte. Der Zug bestand aus miteinander verbundenen Viehwaggons. Wir wurden in diese Waggons geschoben. Gerade als man dachte, dass nicht einmal mehr ein Krümel hätte hineingedrückt werden können, gelang es ihnen, noch mehr menschliche Fracht in den Waggon zu quetschen. Waggons, die nicht mehr als achtzig Personen oder sechzig Stück Vieh hätten enthalten dürfen, beförderten mindestens hundertdreißig Personen. Wir fanden einen Weg, um es erträglicher zu machen, indem wir übereinander saßen. Seite an Seite und von Vorne nach Hinten. Es gab Männer aller Nationalitäten, Religionen und Altersgruppen. Es dauerte nicht lange, bis die Leute zu rufen begannen und unter einem unstillbaren Durst litten. So hungrig wir auch waren, unsere einzigen Gedanken in dem Viehwagen galten dem Wasser.

Um herauszufinden, wohin wir gebracht wurden, hoben wir einen Mann zu einer sehr kleinen, abgeschirmten Öffnung hinauf, um nach Hinweisen zu suchen. Es war die einzige Öffnung, die Luft in den Waggon ließ. Es schien, als würden wir Polen verlassen, doch wir konnten nur darüber spekulieren, wohin es ging.

Ab und zu hielt der Zug an. Während einer dieser Stopps wurden unsere Rufe nach Wasser endlich erhört. Rückblickend war es wohl das einzige Mal, dass ich während dieses Transports Wasser erhielt. Ich hatte meine rostige, rote Tasse nicht zurückgelassen. Jetzt schien sie mir eines meiner wertvollsten Besitztümer zu sein. Neben mir saß ein alter Mann, vielleicht fünfzig Jahre alt. Es war selten, einen Mann in diesem Alter, besonders in einer so schlechten Verfassung, am Leben zu sehen. Soweit ich wusste, hätte er jünger sein können. Diese Umstände ließen den Körper altern. Er zitterte und verlor immer wieder das Bewusstsein, als er seinen Kopf gegen meine Schulter lehnte. Ich fragte mich, ob er an einem besseren Ort war, in einer Realität, die besser war als diese hier. Er besaß keine Tasse und erhielt daher auch keine Ration Wasser. Ich nahm den Saum meines Hemdes und tauchte es in das wenige Wasser, was ich hatte ein und tupfte ihm damit das Gesicht ab, um ihm wenigstens etwas Trost zu spenden. Wie alle anderen Opfer dieses Alptraums war er jemandes Vater, jemandes Bruder und jemandes Sohn. Ich hielt seinen Kopf in meinem Arm und gab ihm etwas Wasser. Er kam zu Bewusstsein und sah mich fragend an. „Waroom? Warum?" Ich wusste nicht, was er in Frage stellte. Unsere Situation? Unsere Art des Transports? Ich hatte nichts zu sagen, außer ihn zu drängen noch mehr Wasser zu nehmen. Ich war jung und in einer besseren Verfassung. Ich hatte nicht viel übrig, doch ich teilte mit ihm, was ich konnte. Ich wollte nicht, dass er eine Leiche in meiner Fünferreihe war, wenn wir aus dem Zug ausstiegen. Ich wollte auch der Sohn bleiben, den meine Mutter erkennen würde. Das war alles, was ich ihr noch geben konnte. Für den Rest dieser Reise kümmerte ich mich um diesen Mann.

Der Zug fuhr weiter die Strecke entlang, bis einer ein Schild entdeckte und uns zurief, was er gesehen hatte. Wir waren jetzt in Österreich. Es musste einen Tag später gewesen sein. Erneut kam die Musik des Zuges, die Tod – Tod –Tod zu singen schien, zum Stillstand. Unser Viehwaggon blieb stehen. Die Türen öffneten sich und Soldaten mit Waffen in den Händen hielten uns sofort im Visier. Ihre Botschaft war deutlich: Wagt es euch auch nur einen Zentimeter zu bewegen. Auf dem Gleis parallel zu unserem war ein Militärtransport. Der Zug sah unserem nicht im Geringsten ähnlich. Durch die geöffneten Türen hörten wir die Rufe der Gestapo: „Werft die Toten aus den Waggons!"

Diese Worte brannten sich in mein Gedächtnis ein. Diese Toten waren Menschen oder sie waren welche gewesen, bevor sie zu einem Haufen von Leichen wurden, der entsorgt werden musste. Irgendwo waren sie für jemanden von großer Bedeutung. Es brach mir das Herz, diese herzlosen Worte zu hören. Alles, was unser Glaube heilighielt, entweihten die Nazis nach und nach. In unserem Glauben erfolgt der Umgang mit den Körpern der Verstorbenen mithilfe eines sehr spezifischen und präzisen Rituals. Die Nazis verspotteten uns sogar im Tod. Als die Leichen herausgenommen wurden, war Schluchzen und Stöhnen zu hören.

In der Zwischenzeit brannte die Hitze der Augustsonne unerbittlich auf uns herab. Wenn sich Wasser im Abteil befunden hätte, hätte es gekocht und das Durststöhnen nahm nur an Intensität und Verzweiflung zu. Es erreichte einen Punkt, an dem ich meinen eigenen Augen oder Ohren nicht mehr trauen konnte. Ein hochrangiger Wehrmachtssoldat ging auf die SS, die für unseren Waggon verantwortlich war, zu und wies auf unsere klare Not und unseren Durst hin."„Hören Sie die Leute nicht rufen hören?" sagte er. „Können Sie ihnen nicht etwas Wasser geben?" Unbeeindruckt fragte der von der Gestapo den Soldaten einfach, ob er sich zu uns gesellen wolle. Damit sahen wir, wie unsere Hoffnung auf Linderung unseres Durstes verschwand. Der Austausch zwischen den Offizieren war für mich ein Augenöffner. In dieser Hölle waren noch mindestens ein paar rechtschaffene Seelen übrig. Nicht jeder deutsche Soldat war böse.

17

ARBEIT MACHT FREI
MAUTHAUSEN

Ohne Nahrung oder Wasser fuhr unser Zug weiter und die schreckliche Musik spielte weiter, als wir die Gleise entlang rollten: Durst - Durst - Durst - Tod - Tod - Tod. Schließlich hielt der Zug zum letzten Mal an und die bekannten Rufe von „Schnell, schnell!" durchbohrten erneut die Luft. Ich versuchte immer, als einer der Ersten aus den Viehwaggons zu steigen. Es war wahrscheinlicher, dass ich dann nicht so heftig geschlagen wurde. „Macht schnell, macht schnell!" Wir waren in Linz, in Österreich, angekommen. In unserer üblichen Formation marschierten wir mehrere Kilometer zum nächsten Lager. Wir waren erschöpft, versuchten jedoch, diejenigen körperlich zu unterstützen, die von Sekunde zu Sekunde schwächer wurden. Wir blieben Gefangene des Dritten Reichs und waren nun Häftlinge im Konzentrationslager Mauthausen.

Wohin auch immer ich mich hinwandte, hörte ich andere Sprachen. Ich sah Menschen aus Ungarn und war sofort von dem relativen Umfang ihrer Körper beeindruckt. Der Krieg hatte von ihnen anscheinend nicht den gleichen Tribut gefordert, wie von meinen polnischen Brüdern. Viele Ungaren schienen von den Auswirkungen des Antisemitismus verschont geblieben zu sein. Vielleicht waren diese Juden länger beschützt worden.

Es machte nicht den Anschein, als würden wir lange in Mauthausen bleiben. Dieses Lager schien als Warenhaus für Menschen zu fungieren. Die Engel des Todes, die Ärzte, würden uns auf entmenschlichende Art untersuchen, um festzustellen, ob wir noch arbeiten konnten. Wenn nicht, würde man uns ermorden. In Mauthausen gab es Gaskammern und einen Weg die Leichen zu entsorgen: Öfen, die Flammen in den Himmel schossen. Die Nazis versteckten ihre Verbrechen, indem sie die Ermordeten einäscherten. In der Gaskammer konnten achtzig Menschen gleichzeitig getötet werden. Die Krematorien waren die Arbeitspferde jedes Konzentrationslagers. Bei der Ankunft lag ein Summen in der Luft. Ich hörte Schreie, Gemurmel und Schreie. Meine Augen tränten und dann war da der süße, scharfe Geruch von verbranntem Fleisch. Ich werde diesen Geruch niemals vergessen können, egal, wie lange ich lebe.

Wieder marschierten wir in unseren Fünferreihen, um uns registrieren zu lassen. Ich erhielt eine neue Identität: Nummer 84503. Wir wurden dann zu den Duschen gebracht. Ich hatte keinen Besitz mehr mit Ausnahme meiner Tasse, meines Löffels und meiner Schuhe über deren Rückgabe die Offiziere mich anlügen konnten. Ich wurde einfach ohne Vorwand zur Dusche geschickt. Als ich mit dem Duschen fertig war, gab es keine Handtücher, aber die Luft war so heiß, dass wir schnell trockneten. Trotz der Dusche fühlte ich mich wegen des Gestanks nicht sauber. Zu der Melodie von „Macht schnell, macht schnell!" marschierten wir nackt in fünf Fünferreihen hintereinander, um unsere Köpfe erneut rasiert zu bekommen.

Wir wurden mit einer desinfizierenden Flüssigkeit besprüht, die auf meinem soeben rasierten Körper brannte. Ich verstand nicht, warum das geschah. Was unterschied uns von anderen Menschen? Es wurde über die arische Rasse gesprochen. Seltsam, ich hatte helles Haar und helle Augen, typisch für viele Polen. Das war Wahnsinn. Ich blieb in meinen Gedanken versunken, ohne meine Umgebung zu vergessen, sodass es außerhalb der Baracken nicht auffiel. Mein Überleben hing davon ab.

Die Baracken waren größer als die in dem letzten Lager. Es gab kein Stroh, nur das unnachgiebig harte Holz. Die Hierarchie war dieselbe. Wieder einmal mussten wir die gelegentlichen Grausamkeiten der Blockältesten ertragen, jene wahnhaften Narren, die für die Baracken verantwortlich waren und davon überzeugt waren, dass ihre Ergebenheit den Nazis gegenüber sie von dem gleichen Schicksal, dem wir ins Gesicht sahen, ausschließen würde.

Ich machte meinen Anspruch auf meinen Schlafplatz gültig und traute meinen Augen nicht, als ich meinen lieben Freund Jurek von daheim sah! Endlich ein bekanntes Gesicht in diesem Wahnsinn. Jurek schlief neben mir und meine Schuhe waren, wie üblich, mein Kopfkissen.

18

ARBEIT IN MAUTHAUSEN

Ich erwachte zu den Geräuschen von Stöcken, die gegen die Baracke schlugen, und zu jemandem, der rief: „Raus, raus! Schnell, schnell!" Es war bereits Morgen. Ich konnte es nicht glauben, aber jemand hatte in der Nacht meine Schuhe gestohlen. Weder Jurek noch ich hatten etwas gehört oder etwas gesehen. Ich hatte keine andere Wahl, als mir zu einem Schuhpaar von einer lieben Seele zu verhelfen, die sie nicht mehr brauchte. Obwohl er tot war, kämpfte ich mit der Schuld, seine Schuhe zu benutzen. Um 5 Uhr morgens zogen wir zu den Latrinen. Es dauerte nicht lange, da wir nicht genug Flüssigkeit bekamen, um viel mehr als einige Tropfen Urin zu erzeugen. Es war die gleiche Routine wie immer: Fünf Fünferreihen hintereinander und das „Schnell, schnell" mit den üblichen Flüchen. Wir alle wurden gezählt, einschließlich derer, die das Glück gehabt hatten, in der Nacht zu sterben.

Ich stand in der Schlange, um ein noch kleineres Stück Brot und etwas hellbraune Flüssigkeit zu ergattern. Ich aß schnell und war zu hungrig, um überhaupt daran zu denken, etwas für später aufzubewahren. Ich griff nach Jurek, in der Hoffnung, dass wir ein paar Worte über daheim austauschen könnten. Er erzählte mir, dass seine Mutter nach Belzec gebracht worden war und dass er vermutete, dass man sie getötet hatte. Jurek teilte mir mit, dass die einzige Funktion von Belzec die Elimination von Menschen sei. Ich nickte wissend, als mir mein Atmen entwich. Wer wusste, wie viele von uns dieselbe Geschichte hatten? Wie sich herausstellte, hatte Jurek einige Zeit damit verbracht, im Widerstand zu kämpfen. Wir flüsterten miteinander und schlossen einen Pakt, bei der nächsten Gelegenheit zu fliehen. Wir waren uns bewusst, dass ein Fluchtversuch uns das Leben kosten könnte. Andererseits war es auch genug, nichts zu tun, um uns umzubringen. Was machte es für einen Unterschied?

Die SS-Wachen teilten uns für ein Arbeitsdetail in Gruppen auf. Zusammen mit ihren Rufen kamen Schläge und Stöße: „Scheißjuden Hund, da drüben, da drüben!" Der Kapo führte unsere Gruppe in einen Steinbruch. Ich traute meinen Augen nicht. Dies war kein gewöhnliches Arbeitsdetail, keine typische Sklavenarbeit zur Unterstützung des Nazi-Krieges. Diese Arbeit war extra dafür gemacht, um uns zu Tode zu arbeiten.

Wir sollten einen Felsbrocken aufheben, hundertvierundfünfzig Stufen erklimmen (obwohl Untersuchungen ergeben haben, dass es hundertsechsundachtzig Stufen gab, bin ich sicher, dass es hundertvierundfünfzig waren), nach oben gehen, den Felsbrocken fallen lassen und dann wieder nach unten gehen. Die drückende Hitze machte diese Arbeit fast unmöglich. Wir wurden geschlagen und verflucht, als wir arbeiteten. Einmal hörte ich einen Schrei und sah einen Mann zusammen mit seinem Felsbrocken von oben herabstürzen. Er war ohne ersichtlichen Grund von einem Wachmann gestoßen worden.

Das Lachen der anderen Wachen hallte im Steinbruch wider. Die vollen Ausmaße dieses Arbeitsdetails nahm ich jetzt endlich wahr: Sie wollten uns töten, ohne Kugeln vergeuden zu müssen. Wir waren nur ein Fließband, das Leichen lieferte. Das war die Arbeit. Das war es, was wir hier produzieren wollten, unsere eigenen Leichen. Ich hörte die Stimme meiner Mutter in meinem Kopf, die mich ermutigte weiterzumachen: „Du musst leben, Henek."

Eine meiner Erinnerungen an Mauthausen, die mir bis heute geblieben ist, hat mit den Selbstmorden zu tun, die ich miterlebt habe, hilflos und wie gelähmt. Männer warfen sich an den Elektrozaun oder erhängten sich in der Baracke. Diese Menschen hatten alle Hoffnung verloren. Der Tod schien ihnen besser zu sein, als unter diesen Bedingungen zu leben. Wir hatten keine Ahnung, wann oder ob diese Tortur jemals enden würde. Für sie war der Tod eine Flucht vor der Qual des Lebens. Ich konnte nur mein Versprechen erneuern, zu überleben und mich an meine Menschlichkeit gegenüber anderen zu erinnern.

Das Klettern mit einem schweren Felsbrocken, nur um ihn oben fallen zu lassen, war an diesem Tag dauerhaft in meinen Körper und meine Seele eingraviert. Am Ende des ersten Tages hatten wir mehr als zwanzig Seelen verloren. Jurek und ich wurden ausgewählt, um einen der Toten zurück zu bringen. Wie immer mussten wir unsere Fünferreihen aufrechterhalten und mit der gleichen Anzahl von Menschen zurückkehren, mit der wir den Tag begonnen hatten. Als ich mich Jurek zuwandte, sah er aus, als wäre er um zwanzig Jahre gealtert.

Als wir wieder im Lager waren, war die Anzahl der Häftlinge gestiegen. Die neuen Leute brachten gute Nachrichten über den Krieg mit: Deutschland war am Verlieren. Die Nazisoldaten starben jetzt zu Tausenden. Endlich hatten wir etwas zu feiern, einen konkreten Grund, weiter zu hoffen und am Leben festzuhalten. Mein Aufenthalt in Mauthausen war von kurzer Dauer, wie ich vermutet hatte. Ich war etwa sechs bis zehn Tage dort. Die Lagerbevölkerung platzte aus allen Nähten und ich wurde bald zu meinem nächsten Standort transportiert.

Gefangene in Mauthausen © Bundesarchiv, Bild 192-269 / CC-BY-SA 3.0 http://creativecommons.org/licenses/bysa/3.0/de/deed.en), via Wikimedia Commons

19

MELK

Wieder einmal in einem Viehwaggon wurden wir bis außerhalb von Melk transportiert, was etwa sechzig Kilometer von Wien entfernt liegt. Inzwischen hatte ich mich mehr daran gewöhnt so zu reisen. Wir wurden wie Tiere behandelt - schlimmer als Tiere - also machte es nur Sinn, dass wir in Waggons für Tiere unterwegs waren. Immerhin wurde das Wetter kühler, trotzdem war uns warm und wir waren hungrig, durstig und müde. Wir marschierten vom Zug aus ungefähr fünf Kilometer bis zum Konzentrationslager Melk. Diejenigen von uns, die noch lebten, hatten ein völlig anderes und traurig verzerrtes Konzept von der Norm entwickelt.

Es waren immer weniger Leute dabei, die ich von daheim kannte. Mit jedem Tag trafen wir neue Menschen. Manchmal war das Einzige, was wir gemein hatten, dass wir Juden waren. Andere wurden, von der sogenannten überlegenen Rasse, nur als unerwünscht angesehen. Nur in diesem Verbrechen waren wir vereint, gebrandmarkt und verdammt.

Als wir in Melk ankamen, bereitete ich mich auf die Routine vor, die ich aus den wiederholten Erlebnissen gelernt hatte: So schnell wie möglich aus dem Zug steigen, um den Schlägen der Soldaten und den Bissen der Hunde zu entgehen. Ich sah mich um und eine Fünfergruppe kam zusammen. Solange die Deutschen das Kommando innehatten, mussten wir in Blocks von fünf Fünferreihen marschieren.

Wir gaben nacheinander unsere Nummer an, welche die Gleiche von Mauthausen blieb. Ich war immer noch 84503. Das war alles, was ich für sie war: Nummer 84503, Eigentum des Nazi-Regimes. Fünf Minuten später marschierten wir zu den Duschen. Zu diesem Zeitpunkt bemerkte ich einige bekannte Gesichter aus meiner Heimatstadt.

Wieder einmal wurden wir rasiert, mit demselben stechenden Desinfektionsmittel besprüht und bekamen dann eine neue Uniform. Es war dieselbe gestreifte Uniform wie zuvor, doch anstatt meine schmutzige Uniform zurückzubekommen, bekam ich die schmutzige Uniform eines Anderen. Ich erkannte die Logik darin nicht, doch welchen Unterschied machte es? Es hatte keinen Sinn mehr, Logik auf irgendetwas anwenden zu wollen. Bei der nächsten Station wurden wir gebrandmarkt. Einer der Gefangenen sagte mir leise, ich solle meinen Arm hergeben. Auf mein Handgelenk wurde *KL* tätowiert. *KL* stand für Konzentrationslager.

Es ist gegen das jüdische Gesetz, eine Tätowierung zu haben. Dies war eine weitere Art, unser Glaubenssystem zu degradieren. Die Botschaft war klar: Wir nahmen den gleichen Stellenwert wie Vieh ein, wenn nicht noch weniger. Ich erfuhr später, dass Auschwitz das einzige Konzentrationslager war, in dem Nummern auf die Unterarme der Gefangenen tätowiert wurden. Als ich sowohl in Schock als auch vor Wut weiterging, legte ich mein Handgelenk an meinen Mund und saugte die Tinte heraus. Ich würde dies in den folgenden Tagen weiterhin tun. Ich wäre verdammt, wenn ich gebrandmarkt bleiben würde. Das hatte nichts mit meiner Religion zu tun. Menschen hatten nicht gebrandmarkt zu sein. Zu diesem Zeitpunkt war ich bereit zu leben oder zu sterben und meine Chance zu nutzen, um zu fliehen. Das *KL* an meinem Handgelenk würde mich als Gefangenen ausweisen. Mir ging auch durch den Kopf, dass ich überleben und der Welt erzählen wollte, was mit den Juden Europas passiert war. Doch ich würde nicht mit einer Tätowierung durchs Leben gehen. Heutzutage habe ich nur noch ein sehr kleines verräterisches Mal am Handgelenk. Es fällt nicht auf, wenn ich nicht darauf hinweise und selbst dann muss man sehr genau hinsehen.

Als ich meine Chance bekam, lief ich zu zwei Männern von daheim. Ich war glücklich und erleichtert, bekannte Gesichter zu sehen. In meiner Gruppe waren wir nur zu dritt, also schnappten wir uns zwei Brüder, um unsere Fünf zu vervollständigen. Jetzt waren wir bereit, zur Baracke zu marschieren. Wieder sahen sie gleich aus: Holzbretter, die für maximale Kapazität verwendet wurden. Ich sah ein paar Decken, doch nicht genug für alle. Der Schlaf erwies sich als schwierig, da wir alle übereinander gepackt waren. Nachts erklang das übliche Stöhnen, Schreien und Husten. Ich war schockiert von meinem eigenen Körpergeruch und dem Geruch der Menschen um mich herum. Würde ich mich je wieder sauber fühlen?

Die Struktur war wie immer dieselbe. Es gab Kapos für die Arbeit und Blockälteste. Ich erinnere mich nicht an den Namen unseres Blockältesten, doch ich hatte gelernt, dass diese Leute ziemlich vorhersehbar waren.

Wieder wurden wir sehr früh geweckt und standen schnell auf, um zu den Latrinen zu gehen, dem einzigen Ort, an dem es etwas Wärme gab. Zu diesem Zeitpunkt hatte ich gelernt, meinen Blechbecher und meine Utensilien bei mir zu halten. Ohne sie hätte ich überhaupt nichts essen können.

Nach dem Appell aßen wir das gleiche erbärmliche Menü, bestehend aus Brot aus Sägemehl und einer nicht identifizierbaren Flüssigkeit, die je nach Vorstellungskraft Kaffee oder Tee hätte sein können. Konnte man sich vorstellen, dass diese Flüssigkeit die dicke Hühnersuppe war, die einen an Sabbat begrüßte? Nein, es war schwer vorstellbar, wenn der ganze Körper sich in einem Überlebenskampf befand.

Dann kam eine Reihe von Anweisungen, stets gebrüllt. „Beeilt euch, beeilt euch! Essen, essen! Stellt euch für die Arbeit auf! Marschiert!" Ich hatte keine Ahnung, was wir tun würden. Letztendlich erfuhr ich, dass wir in Höhlen zu einer weiteren, gut versteckten Fabrik gehen würden, um Munition und Flugzeugteile herzustellen. Wir würden vor jeglicher Überwachung verborgen sein, sodass die deutsche Kriegsmaschine weiterlaufen konnte. Wir arbeiteten erneut für ‚die Sache'.

Als ich mich in meinem neuen Arbeitsumfeld umsah, bemerkte ich, dass Kapos uns und Zivilarbeiter beaufsichtigten. Die meisten Zivilarbeiter behandelten uns nicht besser als die Kapos, Wachen und SS-Soldaten. Es schien als wäre es egal, wer der Vorgesetzte war, unsere Lebens- und Arbeitsbedingungen blieben gleichermaßen aussichtslos. Einer der Kapos gelangte an die Macht, als er wegen Mord aus dem Gefängnis entlassen wurde, was durch sein Dreiecksabzeichen angezeigt wurde. Ein anderer hatte den Status als gewaltfreier Verbrecher, vielleicht war er ein Verräter des Dritten Reiches. Sein Verhalten war etwas netter.

In diesem Lager kamen viele Menschen durch das gelegentliche Einstürzen von Sand ums Leben, höchstwahrscheinlich aufgrund mangelnder Ausbildung und Fachkenntnis. Es gab keine Ingenieure mit Wissen oder Erfahrung, um diese unterirdischen Anlagen zu befestigen oder um die Arbeitsbedingungen sicher zu machen. Sicherlich war es den Nazis egal, solange nur Munition und Flugzeugteile in zufriedenstellender Geschwindigkeit produziert wurden.

Neuangekommene Gefangene haben auf dem Appellplatz des Konzentrationslagers Melk versammelt © United States Holocaust Memorial Museum, National Archives and Records Administration, College Park, Fotograph unbekannt, 1944-45

20

ARBEIT UNTER TAGE

„Raus! Schnell, schnell!"

Ein Morgen ging in den Nächsten über. Erneut vor Sonnenaufgang aufstehen, zu den Latrinen, um einen Moment Wärme zu spüren, und dann zum Appellplatz. Wir standen in der Schlange für Brot und 'Kaffee'. An diesem Morgen erhielten wir eine besondere Belohnung: einen Aufstrich, den wir auf dem Brot verteilen konnten. Ich kann mich nicht erinnern, ob es Margarine, Käse oder Marmelade war. Ich wusste nur, dass es sich um verschiedene, lebensrettende Kalorien handelte. Ein Gedanke schoss mir durch den Kopf. Ich hoffte, dass diese Belohnung nicht bedeutete, dass der Krieg gut für die Nazis verlief. Wir aßen schnell und bildeten fünf Fünferreihen und meldeten uns bei dem Kapo, der für unsere Arbeit verantwortlich war.

Unsere Aufgabe an diesem Tag war der Bau eines unterirdischen Tunnels. Einer meiner Freunde machte mich auf einige leere Zementsäcke aufmerksam. Bevor ich es wusste, schnappte er sich für jeden von uns einen. Andere hatten bereits den Zweck der Beutel entdeckt: die Isolierung. Ich erinnere mich, dass ich dachte, dass andere, die mit uns arbeiteten, trotz der hageren Gesichter etwas dicker wirkten. Bevor wir es wussten, waren die leeren Beutel weg und unsere dünne Häftlingskleidung ausgepolstert. Unsere Kleidung diente nur dazu, unsere Körper zu bedecken. Wir hatten keinen anderen Schutz vor den gnadenlosen Elementen: keine Jacken, Handschuhe, Hüte oder Stiefel. Ich hatte immerhin noch Holzschuhe, aber keine Socken dazu. Jetzt hatten wir mit ein wenig Einfallsreichtum und viel Glück etwas Isolation gegen die eisigen Temperaturen und bitteren Winde der österreichischen Berge.

Wir arbeiteten schwer in diesem Lager. Das Essen war so schlecht wie immer. Wir waren hungrig, durstig, müde und schwach und wurden von Bettwanzen und Läusen lebendig gefressen. Es gab noch eine weitere Gefahr für uns: Ruhr. Abgesehen von der Schwäche und dem Ungleichgewicht der Elektrolyte, die durch chronischen Durchfall verursacht wurden, wurden wir weiter entmenschlicht, da weder der Kapo noch einer der Zivilarbeiter uns Zeit gab, uns trotz des Ausbruchs dieser schweren Krankheit zu erleichtern. Wir hatten keine andere Wahl, als dort ‚zu gehen', wo wir standen, ohne je unsere Arbeit zu unterbrechen. Schließlich arbeiteten wir für den Krieg und die Deutschen, die immer verzweifelter wurden. Sie brauchten jede Hilfe, die sie bekommen konnten.

Deckeneinstürze waren keine Seltenheit. Jedoch geschah es das eine Mal, dass das Gewicht des Sandes ein Fließband zerbrach. Es gab nichts, was irgendjemand hätte tun können. Das Fließband war für unsere Arbeit unverzichtbar. Ohne es konnten wir nicht weiterarbeiten und so konnten wir nur dasitzen und Befehle abwarten. Es war ein ungewöhnliches Ereignis. Die erste Reaktion des Zivilarbeiters war herauszufinden, wie das Fließband repariert werden konnte, bevor er sich nach dem Wohlergehen von uns Menschen erkundigte. Wir wurden den Wachen gemeldet, als wäre es unsere Schuld, dass das Fließband gerissen war.

Von den zahlreichen Körperverletzungen, und ja, das ist der korrekte Begriff, blieb mir dieser Tag im Gedächtnis. Wenn Menschen geschlagen, mit Knüppeln angegriffen oder ausgepeitscht werden, ist es Körperverletzung. Ob es unsere Schuld war, dass das Fließband kaputtgegangen war oder nicht, spielte keine Rolle. Es war als würde dieses eine zerbrochene Fließband Deutschlands Niederlage verursachen. Ich wurde so grausam und wiederholt geschlagen, dass ich noch wochenlang Schmerzen hatte. Es war die schlimmste Prügel in meinem ganzen Leben. Nachdem ich in einem Waisenhaus, wo körperliche Züchtigung an der Tagesordnung war, aufgewachsen war, war ich bis zu diesem Zeitpunkt gegenüber den konstanten Schlägen und Peitschenhieben während ich arbeitete, abgehärtet. Doch diese Prügel, mit ihrem schieren Ausmaß an Grausamkeit, raubte mir den Atem. Diesmal war ich nicht allein, sondern Teil einer Gruppe. Ich war Zeuge der Heftigkeit der Schläge, die meinen Kollegen verabreicht wurden und ich wusste, dass ich bald auf die gleiche Art und Weise geschlagen werden würde. Fünfzehn bösartige Peitschenhiebe auf meinen nackten Rücken. Wie erniedrigend es war, ohne Kleidung auf dem Rücken ausgepeitscht zu werden.

Nach dieser Prügelei wurden wir in einen anderen Bereich verlegt, um bis zum Appell weiterzuarbeiten. Wir kehrten ins Lager zurück, um die gleiche Routine durchzuführen: Appell am Appellplatz, die Baracke, die Essensrationen und die harten Holzbretter, die als Betten dienten.

In dieser Nacht war der Schlaf schwierig. Wir lagen übereinander und viele hatten erhebliche Magen- und Darmprobleme. Weinen, Stöhnen, Kratzen und Schreie durchfuhren die Stille der Nacht. Der Gestank war überwältigend, angesichts des Mangels an Zeit und Material für eine angemessene menschliche Pflege und Hygiene in Verbindung mit dem Durchfall, der unsere Kleidung befleckte. Jeder war am Ende seiner Kräfte. Es gab keine Möglichkeit für uns, zusammenzuarbeiten und uns gegenseitig zu helfen. Ich war dankbar, dass ich zumindest einen Freund aus meiner Heimatstadt hatte, mit dem ich mitfühlen konnte. Unsere Freundschaft wurde für uns beide immer wichtiger.

21

DAS GRAUEN GEHT WEITER

Uns wurde gesagt, dass es verboten sei, Zementsäcke unter unseren Uniformen zu tragen. „Sie machen euch langsamer", wurde uns gesagt. Einen Zementsack unter der Kleidung zu tragen, bedeutete die Todesstrafe.

Es war eine schwierige Entscheidung. Ich könnte den Zementsack tragen und warm sein, während ich dem sofortigen Tod ins Auge sah, sollte ich entdeckt werden. Es würde immerhin diesem ewigen Leiden ein Ende bereiten. Oder ich könnte weiterhin frieren und weiterhin unerträglich langsam sterben. Ich entschloss mich meinen Zementsack zu entfernen. Ein junger Mann aus meiner Heimatstadt entschied sich, seinen Zementsack zu behalten; eine Entscheidung über Leben und Tod.

Eine zweite Drohung wurde ausgesprochen, dass, sollte die Lagerbevölkerung sich nicht um diese eine Person mit dem Zementsack kümmern, sie die Juden zurück in eigenen Baracken aufteilen würden. Die Lagerbevölkerung bestand aus von den Nazis als unerwünscht betrachteten Menschen. Es gab Zeugen Jehovas, Griechen, Italiener, geistig Behinderte und Juden. Politische Gefangene und Mörder waren ebenfalls üblich. Ich denke, die Gefängnisbevölkerung war überwiegend jüdisch, doch innerhalb unserer Baracken gab es Vielfalt. Eine Baracke, die nur Juden enthielt, hätte sicher nur zu noch mehr Missbrauch geführt.

Sie schickten den jungen Mann von Baracke zu Baracke, damit die anderen Häftlinge sich um ihn kümmern konnten. Als er die Hälfte der Baracken hinter sich gebracht hatte, wurde er weggeführt und niemand hörte je wieder von ihm.

Leider war diese Korrekturstrategie ziemlich verbreitet. Nach eigenem Ermessen der deutschen Bewacher, wurden bestimmte Gefangene ausgewählt, um zu Tode geschlagen zu werden. Einige wurden im Schlaf ermordet. Andere wurden von Baracke zu Baracke geschickt, wobei sie geschlagen wurden, bis sie tot waren. Mir fiel auf, dass die gleichen Menschen unter anderen Umständen nie daran gedacht hätten, eine andere Person zu verletzen. Sie hatten uns unseren Besitz geraubt, unsere Familien, unsere Würde und unser Leben. Sie beraubten uns auch unserer Menschlichkeit. Ich beschloss, an dieser Horrorshow der Nazis nicht teilzunehmen. Es gab viele andere, die dieser Denkweise ebenfalls folgten.

Kurz nach diesem Vorfall, als ich unter Tage arbeitete, gab einer der Sandberge nach. Die Arbeit in diesem Bereich wurde eingestellt, bis unsere Gruppe von einer anderen Unterstützung erhielt. Seite an Seite schufteten wir bis zum Ende des Tages. Wie üblich wurden wir für den Appell in fünf Fünferreihen gezählt, doch bei uns fehlten drei Mann. Wir wurden gezählt und gezählt, doch egal, wie man uns zählte, es fehlten weiterhin drei Mann.

Diese Zählung, und Nachzählung, dauerte Stunden. Wir waren erschöpft und hungrig. Die Nacht wurde langsam zum Tag. Einer der Kapos fragte den anderen, ob er, als der Sand nachgegeben hatte, eine Zählung durchgeführt hätte, um sicherzustellen, dass alle Arbeiter anwesend waren. Die Frage wurde wiederum schnell an die Zivilarbeiter gestellt. Ein saloppes Achselzucken zeigte, wie wenig Mitgefühl sie für die vermissten Arbeiter hatten. Sicherlich waren alle tot. Wieder einmal wir wurden daran erinnert, wie entbehrlich und unbedeutend wir waren.

Schließlich wurden die drei Männer tot unter dem Sand gefunden. Jetzt stimmten die Zahlen wieder überein und alles hatte seine Richtigkeit. Die Suche nach den vermissten Männern hatte die ganze Nacht und einen Teil des Morgens angedauert. Es gab keine Rückkehr ins Lager für uns. In fünf Fünferreihen gingen zurück zur Arbeit, ohne Schlaf und ohne Essen.

22

MENSCHLICHKEIT HINTER STACHELDRAHT

Wir setzten unsere rückenbrechende Arbeit mit einem traurigen Mangel an Essen und medizinischer Versorgung fort. Es herrschte Hunger und Durst. Ruhr wurde zunehmend normal. Wir hatten keinen Kalender oder irgendeine Möglichkeit herauszufinden, was für ein Tag oder welcher Monat es war. Kälte, Regen und Schnee gaben uns immerhin ein Gefühl für die Jahreszeit. Es schien kein Ende in Sicht zu sein.

Es ist nicht überraschend, dass Selbstmord häufig war. Uns wurden strenge Anweisungen gegeben: „Wenn die Juden Selbstmord begehen wollen, lasst sie. Wir haben langsam keine Kugeln mehr."

Ein Vorfall aus meiner Zeit in Melk fällt mir dazu wieder ein. Es war Essenszeit. Ein Freund von daheim hatte sein Brot erhalten. Er litt unter schwerem Durchfall und den Nebenwirkungen und erinnerte er sich an die Standardabhilfe: Toast! Er ging zu den Latrinen. Es war der einzige Ort, an dem Hitze mit einer

Flamme erzeugt wurde. Er versuchte sein Brot zu rösten, doch der Blockälteste erwischte ihn dabei und nahm ihm sein Brot weg, welches er an einen anderen Gefangenen aus unserer Baracke weiterreichte.

Im Waisenhaus hatte ich gelernt, dass wenn jemand von bestraft wurde, indem man ihm sein Essen wegnahm, diese Person besser essen würde als wir anderen, da er von jedem ein Stückchen bekam.

Während ich an meinen Freund dachte, kam der Empfänger dieses zusätzlichen Brotstückes auf mich zu und gab mir das Brot, um es meinem Freund zurückzugeben. Ich konnte meinen Freund jedoch nicht finden und ging in die Baracke. Mehrmals rief ich dort seinen Namen. Ich sah einen Schatten und sagte: „Was ist los mit dir? Warum antwortest du nicht, wenn jemand deinen Namen ruft?"

Als ich näherkam, sah ich, dass er an seinem Gürtel von der obersten Ebene der Schlafkojen hing. Ohne eine Minute zu vergeuden, nahm ich die geschärfte Seite meines Löffels, um ihn loszuschneiden. Ich war erleichtert, als ich sah, dass er noch atmete. Ich beschuldigte oder verurteilte ihn nicht. Ich wusste, dass es nur so viel gab, dass ein Mensch ertragen konnte. Als der Blockälteste hereinkam und sich nach dem Geräusch erkundigte, erzählte ich ihm, was passiert war. Seine einzige Antwort war: „Woher hast du das Messer?"

Soweit ich mich erinnern kann, konnten wir schließlich Medikamente organisieren, um meinem Freund mit seinem schweren Fall von Ruhr zu helfen. Der Mann, der das Brot zurückgegen hatte, zeigte große Selbstbeherrschung und Barmherzigkeit. Wir hungerten und ein zusätzliches Stück Brot konnte viel bedeuten. Es gab die ungeschriebene Regel, dass man nie das Brot einer anderen Person aß. Die Umstände, so schrecklich sie auch waren, hatten meinen Freund weder verändert noch ihn seiner Menschlichkeit beraubt. Ich wünschte, das gleiche könnte ich von dem Blockältesten behaupten.

23

UNTERHALTUNG MIT EINEM DEUTSCHEN OFFIZIER

Eines Tages hielt mich ein deutscher Offizier auf, um mir eine Frage zu stellen. Sofort nahm ich meine Mütze ab und senkte meinen Blick.

„Wer bist du?" fragte er mich.

„Ich bin ein polnischer Jude", antwortete ich.

„Wo wurdest du geboren?"

„Ich bin in Polen geboren."

„Also bist du Polnisch?" fragte er.

„Nein, Herr Offizier, ich bin ein polnischer Jude", sagte ich.

Es ging eine Weile so hin und her. Ich fühlte meinen Zorn größer werden, obwohl ich darauf bedacht war, gelassen zu wirken. Schließlich fragte ich ihn, ob ich ihm eine Frage stellen dürfte.

Daraufhin antwortete er wütend: „Wie kannst du es wagen, einem deutschen Offizier des Dritten Reiches eine Frage zu stellen!" Dennoch gewährte er mir eine Frage.

Ich versuchte, meine Worte mit Bedacht zu wählen. Doch ich hatte mich von Anfang daran gesehnt diese Tortur zu verstehen und sah dies als meine Chance, die essenzielle Frage zu stellen. „Ich bin Polnisch", sagte ich. „Ich habe kein Verbrechen begangen, außer jüdisch zu sein. Warum bin ich hier?"

Da war es, endlich. Aus meinem Herzen, aus meinem Mund und im Freien. Warum war ich hier? Warum war irgendjemand von uns hier? Warum passierte das uns? Es herrschte eine unangenehme Stille und ein Moment verging zwischen uns. Der Offizier drehte sich um und ging weg, ohne ein einziges Wort von sich zu geben. Ich betrachtete diesen Moment als Triumph und wusste, dass dieses kurze Gespräch genug war, um mich umzubringen. Vielleicht war es Einbildung, aber ich denke, dass er im Inneren damit rang, was Deutschland tat und was für eine Rolle er in diesem Geschehen spielte.

Mir wurde klar, dass nicht alle Deutschen Nazis waren. Die Menschen hatten Angst. Ein deutscher Soldat konnte nie wissen, wer um ihn herum war. Wer war ein wahrer Anhänger der Sache? Wer hatte Hitler Treue geschworen? Vielleicht glaubte der deutsche Offizier an die Sache, vielleicht auch nicht. Doch für die Dauer unseres Gesprächs versuchte dieser deutsche Offizier vielleicht diesen Wahnsinn auf seine Art und Weise zu begreifen.

24

TODESMARSCH

Es war der 19. April 1945. Der Frühling begann, seine Schönheit in den österreichischen Bergen zu zeigen. Blumen blühten, das Grün kehrte in die Bäume zurück und Vögel flogen frei. Wir blieben selbstverständlich in der gleichen Hölle gefangen, doch der Frühling brachte uns Hoffnung auf Neuanfänge. Trotz meiner Situation begann ich zu spüren, dass die Dinge sich ändern sollten.

Die Front rückte näher und wir sollten weg und aus Melk evakuiert werden. Meine Tasse und mein Essgeschirr, die an meinem Gürtel befestigt waren, schienen mit jedem Tag schwerer zu werden, als wir zur Donau marschierten. Wir wurden auf Boote gesetzt, die uns den Fluss hinunterbrachten. In anderen Umständen hätte man über die Schönheit der Umgebung staunen können.

Sobald wir die Boote verlassen hatten, marschierten wir in unseren fünf Fünferreihen für drei volle Tage, ohne Nahrung oder Wasser. Ich kann mir gar nicht vorstellen, was für einen

Anblick wir gewesen sein mussten, als die Front von drei Seiten näherkam.

Diejenigen, die zu gebrechlich waren, um mithalten zu können, wurden sofort erschossen. Mit jeder Meile traten wir auf und über Körper hinweg. Was die Nazis anbelangte, waren diese Körper nur weitere Hindernisse auf dem Weg. Schüsse waren üblich. Wenn jemand dem Tod nahe schien oder zu schwach zu Fuß war, entschieden sich die Deutschen für die Kugel.

Ohne genügend Zeit, um unsere müden und geschlagenen Körper ausruhen zu können, waren unsere fünf Fünferreihen unsere einzige Unterstützung. Wir halfen uns gegenseitig, so gut wir konnten und veränderten leise unsere Positionen, um die Schwächsten der Fünf halten zu können. Wir wussten, dass diese Tortur auf die eine oder andere Weise bald enden würde.

Während dieses Marsches hörte ich die Stimmen meiner Mutter und meiner Schwester, die mich ermutigten: „Mach weiter, du musst leben." Ihre Worte, ihre Stimmen, wurden meine treibende Kraft. Ich betete zu G-tt, mir die Kraft zu geben, das zu ertragen. G-tt antwortete auf meine Gebete und ich schaffte es zum nächsten Ziel: Ebensee.

Luftaufnahme des Konzentrationslagers Ebensee © USA Holocaust Memorial Museum, mit freundlicher Genehmigung von Gisela Wortman, 1. Mai 1945

25

EBENSEE

Ich traute meinen Augen nicht, als ich durch das Tor des Ebenseelagers in Österreich ging. Die Kombination von Gerüchen und Gesehenem war fast zu viel, um sie zu ertragen. Ich suchte den Himmel ab, als Rauch aufstieg und die Wolken mit der Asche noch mehr unschuldiger Opfer bedeckte. Wer waren sie? Woher kamen sie? Wusste irgendjemand, dass sie hier waren?

Dieser schreckliche Geruch von brennenden Körpern, dieser schreckliche, süßliche Geruch, der vom Tod der Unschuldigen schrie, brachte mich zurück in die Realität. Der Gestank schien in meiner Nase zu bleiben und durch mein Blut zu fließen. Er schien in jede Pore, jede Zelle meines Körpers einzudringen.

Ich befand mich mitten im Niedergang der jüdischen Bevölkerung Europas. Das Lager war von den wunderschönen österreichischen Bergen umgeben, doch Körper stapelten sich überall. Manche waren fürchterlich aufgebläht, andere so dezimiert, dass ihre Knochen einzeln gezählt werden konnten.

In einer Ecke lag ein Berg voller menschlicher Haare. Haare, die in die Matratze einer deutschen Familie gestopft werden würden, damit diese angenehm lag. Die Haarpracht einer Frau wurde für den Komfort der Herrenrasse abrasiert.

Schornsteine ragten in den Himmel. Sie arbeiteten Tag und Nacht und gaben das, was von den Opfern übrig war, in die Luft ab. Wieder dachte ich an die Familien oder was auch immer von ihnen übrig war. Die traditionellen Bestattungsbräuche wurden ihnen verwehrt.

Das Lager Ebensee schien aus allen Nähten zu platzen. Es war errichtet wurden, um sieben- bis achttausend Menschen unterzubringen. Doch es schien ungefähr dreimal so voll zu sein. Es war mit den Lebenden und den Toten überfüllt. Die Baracken waren für jeweils hundert Personen gebaut worden, doch sie wurden mit siebenhundert Mann besetzt. Es war uns war sofort klar, dass wir auf dem Boden schlafen würden, wenn wir überhaupt schlafen sollten.

Wenn wir nachts irgendwohin liefen, war es unmöglich zu sagen, ob wir auf den Boden oder menschliche Körper traten. Es ärgerte mich, dass die Wachen es wagten, ihr Gesicht mit einem Taschentuch zu bedecken. Immerhin waren sie Komplizen an dem Tod jedes Einzelnen. Jetzt waren diese Opfer nicht mehr als Angriffe auf ihre Sinne.

Schätzungen zufolge starben jeden Tag dreihundertfünfzig Menschen. Manche starben aufgrund der harten Arbeit, andere starben durch die Nazis und Wachen unterschiedlicher Herkunft. Die nichtdeutschen Wachen kamen aus verschiedenen Ländern in ganz Europa, einschließlich, aber nicht beschränkt auf Ukraine, Polen und Litauen. Sie alle hatten die Vorurteile und den Hass gegenüber anderen Menschen gemein. Unabhängig der Art des Todes gab es keine Frage, wer für sie verantwortlich war.

Die winzige Menge an Essen, die wir bekamen, war ein weiteres Zeichen dafür, dass die Nazis den Krieg verloren. Arbeitsdetails hatten nichts mehr mit den deutschen Kriegsanstrengungen zu tun. Meine Arbeit bestand fast ausschließlich darin, Körper auf Karren zu laden. Wenn niemand zusah, flüsterte ich das Trauerkaddisch. Ich wusste nicht, ob diese Leute noch jemanden hatten, der es für sie hätte sprechen können. Es war meine Pflicht als jüdischer Mann, für diejenigen zu beten, die nicht mehr auf dieser Erde wandelten. Es dauerte nicht zu lange bevor andere zu mir kamen. Während ich betete, waren meine Gedanken immer mit meiner eigenen Familie, mit meiner Mutter, meiner Schwester, meinem Bruder und meinem Schwager. Ich dachte auch an meine drei Halbschwestern und hatte keine Ahnung, was aus ihnen geworden war.

Um sich der Leichen und dem Geruch zu entledigen, wurde durch die Verantwortlichen ein effizienterer Weg beschlossen: Massengräber. Die Deutschen gossen dann Kalk und Wasser in den Krater. Viele Leichen wurden auf diese Weise begraben.

Wir fühlten nicht die gleiche Dringlichkeit wie die Deutschen. Als sie ihre Flucht vorbereiteten, versuchten sie, ihre Spuren zu verwischen wie auch immer sie konnten. Es war klar, dass die Wachen beschäftigt waren, fast hektisch, als die Tage vergingen und ihre Niederlage näher rückte. Trotz aller Bemühungen, die Leichen zu begraben und einzuäschern, wuchsen die Leichenberge weiter.

Die Ebensee-Häftlinge mussten enorme Tunnel graben, in denen Rüstungsindustrie unterkommen sollte. Die Arbeitsbedingungen waren unmenschlich. Wir hielten Tag für

Tag durch, mit einem erstaunlichen Mangel an Nahrung oder Wasser. Ich organisierte, was ich konnte, da ich kein Muselmann werden wollte. Man konnte fühlen, es lag in der Luft, dass sich die Dinge schnell ändern würden. Wir alle wussten, dass der Krieg sich Deutschland nähert. Wenn wir nur etwas länger durchhalten könnten.

Blick auf das Krematorium in Ebensee © Holocaust der Vereinigten Staaten Memorial Museum, mit freundlicher Genehmigung von Lillian Pressman, 1. Mai 1945

26

BEGINN DES ENDES
DER TURM VON BABEL

Wir wussten in Ebensee, dass es für die Deutschen nicht gut lief. Im April 1945 schwand das Essen weiter. Es gab weniger junge SS-Wachen. Wehrmachtsangehörigen, zusammengesetzt aus älteren Soldaten, von denen viele bereits im Ersten Weltkrieg gekämpft hatten, waren jetzt als Wachen eingesetzt. Einige waren nicht so harsch wie ihre Vorgänger, doch wir verstanden dennoch klar und deutlich, dass wir noch stets Gefangene waren. Eines Tages hörten wir seltsam Geräusche. Es war das stetige Summen eines Flugzeugs. Der Boden dröhnte und erzitterte buchstäblich bei dem Abwurf der Bomben. Die Kombination von diesem glückseligen Geräusch und dem wärmeren Wetter des Frühlings gab uns einen Sinn für Hoffnung, trotz des unendlichen Rauches und diesem übelkeitserregenden, süßlichen Geruch, der weiterhin aus den Schornsteinen strömte.

Mittlerweile wuchs die Lagerbevölkerung von Ebensee weiter an, wie auch die Leichenberge. Ich fragte mich, woher sie alle kamen. Krankheit und Hunger forderten weiterhin viele

Menschenleben, ebenso wie die Gaskammern und Kugeln aus den Waffen der SS-Wachen. Als der April zu Mai wurde, konnten die Krematorien noch immer nicht mithalten und Leichen sammelten sich weiterhin. Sie lagen in riesigen Haufen, mit ihren Gliedmaßen schrecklich ineinander verheddert.

Am 6. Mai wurden wir dazu aufgefordert, uns auf dem Appellplatz zu versammeln. Der Lagerkommandant sprach mit uns und wollte scheinbar unsere Sicherheit während der Alliierten Bombenangriffen sicherstellen. Ich konnte nur denken, dass sie um ihre eigene Sicherheit besorgt waren. Jeder von ihnen hätte uns so leicht, wie sie ihre Jacken zuknöpften, erschießen können. Er forderte uns auf, die nahegelegenen Höhlen in den österreichischen Alpen rund um das Lager aufzusuchen. Dort wären wir vor den Bomben sicher.

Wir standen still und weigerten uns zu gehorchen, als sich die Nachricht von einer Sprache in die andere verbreitete, dass die Höhlen vermint seien. Die Nazis versuchten weiterhin alles, um die Beweise ihre monströsen Verbrechen zu beseitigen. Doch wir hatten die Warnungen gehört, weigerten uns und blieben genau dort, wo wir waren. Es machte uns nichts aus, zurück in die Baracken zu gehen, doch wir weigerten uns die Höhlen zu betreten.

An diesem Tag gab es keine Arbeit, und ich nahm mir etwas Zeit, um mir meine verurteilten Brüder gut anzuschauen. Wir waren Juden, Christian, Zeugen Jehovas. Wir hatten nur gemein, dass wir alle Feinde des Deutschen Reiches waren. Als sich meine Augen von einer Person zur nächsten bewegten, sah ich, dass einige krank waren, andere Muselmänner. Die meisten standen mit leeren Blicken da. Sie waren kaum mehr als wandelnde Skelette. Viele besaßen nicht mehr einen kompletten Satz Kleidung. Einige hatten nur noch

Uniformhemden, andere nur eine Hose. Krankheiten waren allgegenwärtig. Einige hatten, trotz ihres schlimmen Zustandes, noch immer ein brennendes Feuer in ihren Augen. Es war das Feuer des Widerstandes und der brennende Wunsch am Leben zu bleiben.

Später an diesem Tag hörten wir einige seltsame Geräusche. Zusammen mit anderen rannte ich nach draußen, um zu sehen, warum die Aufregung herrschte. Ich war schockiert Panzer in Ebensee rollen zu sehen. Was war das? Waren sie die Verstärkung des deutschen Militärs? Als ich blinzelte, um in die Ferne zu sehen, wurde mir klar, dass es sich um Panzer mit weißen Sternen handelte. Dies war etwas, was weder ich noch andere um mich herum erkannten. Wir wussten, dass russische Militärfahrzeuge einen roten Stern trugen, doch welches Land hatte einen weißen Stern? Lastwagen, Autos und Soldaten begannen in das Lager einzurücken und endlich sah ich rot, weiß und blau, die hellen Farben der amerikanischen Flagge! Ja, der weiße Stern auf den Sherman-Panzern war der weiße Stern der Freiheit. War es möglich, dass die Befreiung gekommen war?

Bald hörte ich es mit eigenen Ohren: „Du bist jetzt frei." Wir konnten kaum glauben, was wir hörten und doch hätten wir die Nachricht nicht missverstehen können. Wir waren von der starken und berüchtigten 80. Division (702 3. Armee 80. Division) der United States Army befreit worden.[1]

Als ich die US-Soldaten ansah, liefen vielen Tränen über ihre Gesichter. Sie waren überwältigt von der Größe des Leidens und der Grausamkeit, die sie erlebten. Einige standen wie unter Schock. Es gab überall Leichen, viele hochgestapelt, die meisten nackt.

Verzweifelte Überlebende hatten ihre Kleidung und Schuhe mitgenommen. Das war, was wir getan hatten, um zu überleben. Die amerikanischen Soldaten sahen den weit verbreiteten Hunger und versprachen uns Essen. Wir wurden gewarnt, dass wir langsam essen sollten. Leider konnte sich nicht jeder an diesen Rat halten. Viele aßen sich buchstäblich zu Tode.

Jetzt hatte sich das Blatt gewendet. Die Behandlung durch die Blockältesten und Kapos war inakzeptabel gewesen. Sie hatten uns behandelt, wie kein Mensch ein Lebewesen behandeln sollte. Zum Zeitpunkt von unserer Befreiung wandte sich eine Gruppe von Gefangenen gegen einen Kapo, der für seine Grausamkeit berüchtigt war. Sie schlugen ihn und stachen auf ihn ein. Inmitten dieses plötzlichen, gewaltsamen Ausbruchs versuchten mehrere amerikanische Soldaten einzugreifen und baten die kürzlich befreiten Opfer ein Rechtsverfahren seinen Lauf nehmen zu lassen. „Wo war das Rechtssystem für uns oder unsere Familien, die alle kaltblütig ermordet wurden?" fragte jemand die Soldaten. Was hätten sie sagen können? Sie traten beiseite und sagten kein Wort mehr. Viele Gedanken gingen mir durch den Kopf. In gewisser Hinsicht wusste ich, dass es falsch war, doch die Art und Weise, wie wir behandelt worden waren, war unaussprechlich.

Ich drehte meinen Kopf in eine andere Richtung, gerade rechtzeitig, um zu sehen wie ein deutscher Soldat seine Waffe und seinen Hund abgab. In seiner Nähe standen mehrere befreite Männer. Nicht eine Person verriet ihn. Er war als eine Person, die ihr Bestes getan hatte, um uns alle mit Würde und Respekt zu behandeln, bekannt. Die kürzlich Befreiten standen in seiner Nähe, als wollten sie ihn vor Gewalt von anderen beschützen, die mit seinem Sanftmut nicht so vertraut waren.

Ich war erst neunzehn Jahre alt und wusste mit Sicherheit, dass meine Mutter, Schwester und mein Schwager alle durch die Nazis umgekommen waren. Ich hatte auch gehört, dass die Wahrscheinlichkeit, dass meine Halbschwestern und ihre Familien tot waren, ebenfalls groß war. Sie hatten alle in Warschau gelebt. Ich war mir über meinen Bruder nicht sicher, doch ich war nicht hoffnungsvoll.

Ich begann zu schluchzen. Wir waren frei, doch ich wusste nicht, wohin ich gehen würde oder an wen ich mich hätte wenden können. Plötzlich drückte die Last des Alleinseins in der Welt drauf mich. Ich war wieder ein Waise. Ich hatte Jahres meines Lebens verloren, in denen ich einen Beruf hätte erlernen oder konnte eine junge Dame hätte umwerben können. Mir wurde bewusst, dass ich schnell erwachsen geworden war.

Polen war für mich keine Option mehr. Irgendwann war ich einmal stolz gewesen, polnischer Staatsbürger sein. Polen und ihr Volk hatten sich jedoch an jeder Ecke gegen uns gewandt. Polen hielt nichts als Elend für mich. Mein Haus und Familie waren von mir genommen wurden, wohin würde mich das Leben führen?

---

1. Das bekannte Bild mit abgemagerten Gefangenen am Tag der Befreiung des Lagers wurde eigentlich in Ebensee am 6. Mai 1945 aufgenommen.

27

DAS LEBEN GEHT WEITER

Ich blieb etwas länger im Lager. Ich sah zu, wie die amerikanische Regierung das deutsche und österreichische Volk zwang, das Lager zu betreten und sich selbst von dem zu überzeugen, was die sogenannte Herrenrasse ihren Mitmenschen angetan hatte. Die vorherigen Verantwortlichen für unser Elend wurden gezwungen, Gräber für die verbliebenen Leichen auszuheben. Ich hatte arge Probleme damit, wie den Toten auch noch nach der Befreiung ihre jüdischen Bestattungsriten verwehrt wurden. Wo waren ihre Familien? Noch immer in Häftlingsuniform begleitete ich fast täglich die Prozession, um unsere Toten zu begraben.

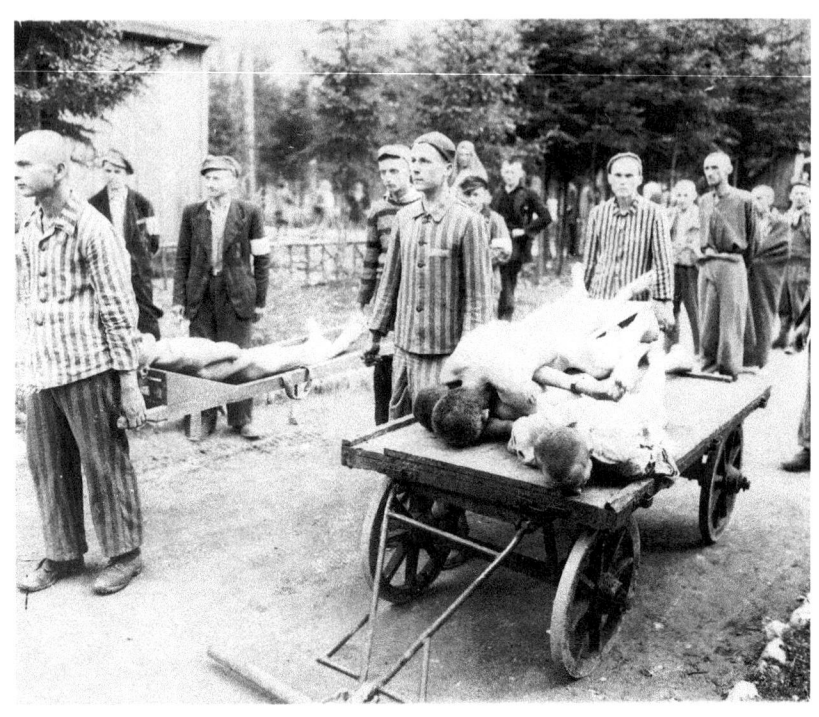

7. Mai 1945: Überlebende in Lageruniformen sammeln die Toten mit Karren und Krankentragen im kürzlich befreiten Konzentrationslager Ebensee ein. Hank Brodt steht an sechster Stelle von links, teilweise verdeckt, in Häftlingsuniform mit Mütze und Armbinde © United States Holocaust Memorial Museum, mit freundlicher Genehmigung von Arnold E. Samuelson

Für diejenigen, die jüdisch waren, sprach ich das Kaddisch. Währenddessen wurden Zahlen, jetzt mit Namen gepaart, ausgerufen worden und die dazugehörigen Körper in die Erde gelegt. Ich sagte das Kaddisch auch für meine Mutter und meine Schwester. Diesmal konnte ich das Gebet laut singen, da niemand in der Nähe war, der bereit war, mich für meinen Glauben auszupeitschen.

Das US-Militär tat alles, um das Konzentrationslager erträglicher für uns zu machen und um die Bedürfnisse von abertausenden von Überlebenden zu erfüllen. Das Rote Kreuz übernahm die medizinische Pflege für diejenigen, die sie benötigten. Das Militär baute Duschen, damit wir die Jahre und Schichten von Schmutz von uns waschen konnten. Doch egal, wie lang ich unter der Dusche blieb, die Trauer und das Trauma konnten nicht weggewaschen werden. Ich musste meine Uniform tragen, bis das Militär für Zivilkleidung sorgen konnte. Zum ersten Mal seit Jahren wurde ich wie ein Mensch behandelt. Ich wurde höflich mit einem Lächeln oder einem Händeschütteln begrüßt.

Es war klar, dass ich ab dem 6. Mai 1945 in der Schuld der Vereinigten Staaten von Amerika stand, da sie mir wieder auf die Beine halfen. Ich war darauf gespannt Englisch zu lernen. Wie zuvor hörte und sah ich zu. Doch diesmal versuchte ich Englisch zu lernen, weil ich es wollte und nicht aus Angst, wie es bei Deutsch der Fall gewesen war.

Überlebende unterhalten sich mit amerikanischen Soldaten in Ebensee © USA Holocaust Memorial Museum, mit freundlicher Genehmigung von Eugene S. Cohen, 8. Mai 1945

Eines Tages beschlossen ein Freund und ich, einen Spaziergang in die Stadt zu machen. Nicht weit vom Lager entfernt hielt mich eine Frau auf und fragte, ob wir beide bei ihr zu Abend essen wöllten. Wir waren zu Beginn zögerlich und verständlicherweise noch immer misstrauisch gegenüber den österreichischen/deutschen Staatsangehörigen. Wir beschlossen, nachdem wir uns untereinander unterhalten hatten, dass Angst nicht länger unser Leben bestimmen sollte. Wir nahmen die Einladung dankbar an. Mein Gesicht wurde rot, als unsere Gastgeber sagten, dass sie keine Ahnung gehabt hätten, was mit uns in den Lagern widerfuhr. Ich bin mir sicher, dass sie den Ausdruck auf unseren Gesichtern sahen. So diplomatisch wie möglich sagte ich, dass jeden Tag mehr als zweitausend lebendige Skelette ihr Haus auf dem Weg zur Sklavenarbeit passiert hatten. Wie hatten sie das übersehen können? Wie konnten sie jetzt so etwas von sich geben? Ich lief auf dünnem Eis, da ich unsere Gastgeber nicht beleidigen wollte, doch ich wollte auch nicht ihre Leugnung des Geschehenen und ihrer Mitschuld daran zulassen.

Österreichische Zivilisten sind gezwungen Gräber für die in Ebensee gefundenen Leichen auszuheben © USA Holocaust Memorial Museum, mit freundlicher Genehmigung von Dennis Beck-Berman, 8. Mai 1945

28

ARBEIT UND UNTERKUNFT

Als ich in das Lager zurückkehrte, sah ich eine Gruppe amerikanischer Soldaten und erkundigte mich nach Arbeit. Sie sagten mir, sie hätten kein Geld, um mich zu bezahlen, doch boten mit eine Unterkunft und Mahlzeiten im Austausch für meine Arbeit an. Ich hatte genug von Lagern und wollte mich so unabhängig wie möglich machen. Mir wurde eine Arbeit in der Küche zugewiesen und ich war stolz auf meine Arbeit.

Langsam begann ich Englisch zu lernen. Es gab auch ein paar jüdische Soldaten, von denen einige ein wenig Jiddisch sprachen. Wir kamen gut miteinander klar. Ich fühlte mich bei einer bestimmten Gruppe, die Teil einer Kompanie war, am wohlsten. Es war ein weiteres Zeichen dafür, dass wir als Menschen behandelt wurden – ich konnte mir aussuchen mit wem ich reden und Zeit verbringen wollte. Als diese Kompanie ihre Zelte abbrach, um nach Deutschland zu gehen, ging ich mit. Ich landete in Wolfratshausen (bei Föhrenwald in Bayern), einem ehemaligen Arbeitslager, das von den Alliierten zu einem Vertriebenenlager umgebaut worden war.

Gruppenporträt von Überlebenden aus Boryslaw und Drohobycz, die sich im Föhrenwald Vertriebenenlager zum Gedenken an das erste Pogrom in dem Ghetto Boryslaw-Drohobycz am vierten Jahrestag versammelten© Holocaust der Vereinigten Staaten Memorial Museum, mit freundlicher Genehmigung von George Oscar Lee, 6. November 1946

Als ich dort ankam, konnte ich nicht vorhersagen, was für ein Dreh- und Angelpunkt und wichtige Rolle dieser Ort in meinem Leben spielen würde. Ich traf einen amerikanischen Soldaten, Sergeant Carl Nusbaum. Carls Familie war aus Deutschland geflüchtet, als sich die politische Landschaft begonnen hatte zu verändern. Wir verstanden uns und wurden bald Freunde. Bevor Sergeant Nusbaum nach Amerika zurückkehrte, versprach er, dass er ein Affidavit mit einer Einladung in die Vereinigten Staaten an mich schicken würde. Ich bedankte mich bei ihm. Doch ich hatte es oft erlebt, dass Leute etwas mit netten Absichten sagten, ohne dass sie ihren Versprechen nachkamen.

Während ich weiter für die Armee arbeitete, traf ich eine schöne und lebhafte junge Frau: Ruth Slome, die in Föhrenwald arbeitete. Sie hatte vor Kurzem geheiratet, doch wir kamen ins Gespräch. Ruth stammte aus der Tschechoslowakei und während ihre engste Familie überlebt hatte, waren viele ihrer Verwandten umgekommen. Eines Tages lud Ruth mich zu ihr nach Hause zum Abendbrot ein. Ich fühlte mich wie Zuhause. Ich traf ihren Mann, Bruce, ihre Eltern... und ihre atemberaubende jüngere Schwester Kathe.

Kathe hatte große braune Augen, die mir direkt in die Seele sehen konnten. Bevor ich es merkte, erzählte ich ihr zu meiner großen Überraschung meine Geschichte. Sie hörte zu und versicherte mir mit vor Emotionen leuchtenden Augen, dass ich jetzt in Sicherheit sei, während sie mich für meine Entschlossenheit und Unverwüstlichkeit lobte.

In dieser Nacht kehrte ich zur Basis zurück, konnte aber stundenlang nicht einschlafen. Meine Gedanken kehrten immer wieder zu dieser erstaunlichen Frau zurück, die ich getroffen hatte und alles, worüber wir gesprochen hatten. Als ich schließlich einschlief, träumte ich von meiner Mutter. Es fühlte sich an als wäre sie im Raum. In diesem Traum schüttelte meine Mutter mich und drängte mich aufzustehen und zur Arbeit zu gehen. Ich hätte eine Frau zu unterstützen. Eine Ehefrau?

Ich hatte keinerlei Zweifel daran, dass meine Mutter mir die Nachricht geschickt hatte, dass Kathe die richtige Frau für mich war. Die Botschaft dieses Traums war unverkennbar, ebenso wie ihre Anwesenheit in dem Raum.

Nach der Befreiung und der Neutralisation der deutschen Armee wurden andere und ich aufgerufen, um in Krakau in den Dachauer Prozessen auszusagen. Die Vereinigten Staaten erklärten erst in den frühen 1950er Jahren das Ende des Krieges gegen Deutschland. Doch jetzt hatte das Blatt sich gewendet und ich legte Zeugnis über Amon Goeth, den ehemaligen Kommandanten von Plaszow, ab. In Dachau wurde ich als Zeuge gegen SS-Obersturmführer Friedrich Hildebrand (geb. 1902) und andere, die Teil der Nazi Mordkampagne waren, aufgerufen. Ich kämpfte mit der Angst, Wunden zu öffnen, die kaum begonnen hatten zu heilen. Doch ich wusste, dass es meine Pflicht denjenigen gegenüber war, die von den Wachen und nach Lust und Laune und auf Befehl der Nazis ermordet worden waren. Ich hielt daran fest, der Welt mitzuteilen, wie Hass meine Familie und so viele andere Menschen getötet hatte. 1953 wurde Hildebrand wegen seiner Verbrechen gegen die Menschlichkeit zu acht Jahren Haft verurteilt. Acht Jahre! Ich war betäubt. Es schien, als hätte sich nicht viel geändert.

Jahre später, 1967, erhielt ich die Bitte, nach Bremen zu kommen. In Deutschland sollte ich erneut zu den gegen die Menschlichkeit begangenen Verbrechen von Hildebrand und anderen Zeugnis ablegen. Vor Gericht vor einem aus drei Richtern bestehenden Gremium war die erste Frage, die mir gestellt wurde, welche Sprache ich verwenden würde, um auszusagen. Zu diesem Zeitpunkt war ich bereits Amerikaner und stolz auf mein Land. Ich entschied, auf Englisch auszusagen.

Während meiner Aussage bemerkte ich, dass der deutsche Dolmetscher meine Worte nicht richtig übersetzte. Da ich wusste, dass diese Verzerrung meiner Worte eine Rolle während des Urteils spielen könnte, korrigierte ich auf Deutsch, so höflich ich konnte. Der Staatsanwalt stimmte mir zu. Einer der Richter stand jedoch auf und sagte wütend: „Können Sie sich vorstellen, dass dieser Mann perfekt Deutsch spricht und einen Dolmetscher anfordert?"

Ich sah diesem Richter direkt in die Augen und mit der Würde eines Amerikaners zuckte ich mit den Schultern. Ich war hierher gerufen worden, um Zeugnis abzulegen. In meinem

Land genossen wir Redefreiheit. Ich wählte Englisch, da es die Hauptsprache meines Landes war. Ich wusste, dass der Antisemitismus nicht tot war. Ich wollte nur weg. Die Gerechtigkeit jedoch nahm ihren Lauf. Hildebrand, sicherlich einer der sadistischsten Männer in der Welt, erhielt eine lebenslange Haftstrafe für seine Verbrechen gegen die Menschlichkeit.

29

DIE VEREINIGTEN STAATEN

Zu meiner großen Überraschung hielt Sergeant Nusbaum sein Versprechen. Ich erhielt das Affidavit und eine Einladung nach Amerika zu kommen. Carl und seine Frau Bernice dokumentierten ihre Absicht, mich zu sponsern und zu unterstützen.

Als ich an Bord des Schiffes ging, versprach ich Kathe, dass ich in Kontakt bleiben würde. Nach ein paar Wochen auf See, begleitet von schwerer Seekrankheit, erreichte ich am 17. März 1949 New York City. Ich hätte nicht beeindruckter sein können. Diese New Yorker waren so herzlich in ihrer Begrüßung. Ein Schiff voller Immigranten kam an und sie hielten eine Parade ab. Unglaublich! Ich war tatsächlich nicht so leichtgläubig, doch ich liebe diese Geschichte als Witz zu erzählen. Es war St. Patricks Day. Dennoch entging mir der Unterschied nicht. In Amerika war ich jetzt in einem Land angekommen das Vielfalt tatsächlich feierte.

Hank als er nach Amerika segelte, um dort sein neues Leben zu beginnen (März 1949)

Getreu ihrem Wort nahmen mich die Nusbaums mit nach Hause. Wie ich bereits zuvor erwähnte, ist mir meine Unabhängigkeit sehr wichtig. Ich kam am Donnerstag, dem 17. März 1949, an und hatte am folgenden Montag eine Arbeit als Schifffahrtskaufmann, die dreißig Dollar pro Woche bezahlte. Obwohl ich den Nusbaums für ihre Großzügigkeit dankbar war, war es mir wichtig, so schnell wie möglich meinen eigenen Weg zu finden. Jetzt, wo ich Arbeit hatte, musste ich eine Unterkunft zu finden. Mit ein bisschen Hilfe beim Navigieren der Sprachprobleme fand ich eine Pension, in der ich zweiundzwanzig Dollar pro Woche an Miete zahlte.

Ich genoss meine Unabhängigkeit und war glücklich, Geld zu verdienen. Ich versuchte mich vorwärtszubewegen und vergrub die traumatischen Erinnerungen meiner Vergangenheit, indem ich ein beschäftigtes Leben in der Gegenwart führte. Es war wichtig für mich in der Gegenwart zu bleiben, doch es war noch nie so einfach so mich.

Während meiner Zeit in New York traf ich einige Freunde aus meiner Heimatstadt. Sie beschlossen, nach Chicago zu ziehen und wollten, dass ich mitkam. Nach einem Gespräch mit Carl und Bernice durchsuchte ich meine Seele und beschloss, diesen Schritt zu gehen. Ich arbeitete hart daran, in dem Land Wurzeln zu schlagen, das so viele seiner Männer für unsere Freiheit geopfert hatte. Meine Freunde aus meiner Heimatstadt und ich hatten eine großartige gemeinsame Zeit. Die meisten von uns waren die einzigen Überlebenden aus unseren Familien. Wir hatten eine Verbindung, die niemals gebrochen werden konnte; eine Verbindung, wie sie niemand sonst hätte verstehen können. Wie auch?

Es gelang uns, unser Versprechen zu halten und in Kontakt zu bleiben. Als ich in Chicago ankam, zog ich in die Wohnung eines Freundes. Ich fand eine Anstellung in einer Maschinenwerkstatt und verdiente vierundfünfzig Dollar pro Woche. Ich teilte die Miete und genoss schon bald mein neues Leben.

30

GRÜSSE VON ONKEL SAM

Als ich eines Abends von der Arbeit nach Hause kam, fand ich einen Brief für mich vor. Er trug einen offiziellen Umschlag der US-Regierung. Trotzdem ich noch kein Bürger der Vereinigten Staaten war, hatte ich ein Heranziehungsschreiben erhalten. Ich musste nicht zweimal überlegen. Ich war stolz darauf, im Militär der Vereinigten Staaten dienen zu dürfen. Ich war mehr als dankbar für meine Freiheit. Dies war meine Chance zumindest teilweise etwas zurückzugeben.

Ich packte meinen Koffer und fuhr nach New York, um mich beim Fort Hamilton zu melden. Die Army bot mir mehrere Möglichkeiten einen General Educational Development Test abzulegen, da ich nur bis zur 7. Klasse die Schule besucht hatte. Mir wurde auch die Möglichkeit geboten, einen Beruf zu erlernen. Ich nutzte dieses Glück voll aus. Bald hatte ich einen Abschluss und gelernt, wie man schweißt und eine Drehmaschine bedient.

Ich wurde während des Koreakrieges eingezogen und diente von Oktober 1950 bis zum 14. Oktober 1952. Anschließend war ich Teil der aktiven Reserve für drei weitere Jahre. Als ich meine Marschbefehle erhielt, war ich geschockt: Ich sollte in Deutschland stationiert werden. Ich war stolz, dass ich dem Land dienen durfte, das mich befreit hatte. Gleichzeitig jedoch war ich überwältigt, dass ich deutschen Boden betreten musste. Die Offiziere wussten von meiner Situation und meiner Vergangenheit und gaben mir die Gelegenheit eine Änderung der Marschbefehle anzufordern. Doch als ich verstand, dass die Befehle bedarfsgerecht verteilt waren, akzeptierte ich sie und war tatsächlich stolz darauf in einer Uniform des US-Militärs nach Deutschland zurückzukehren. Auch hegte ich einen Hintergedanken: Ich hatte die Absicht, meine Romanze mit Kathe wiederzubeleben.

Zu diesem Zeitpunkt sprach ich fließend Deutsch, welches Kathe und ihre Familie zu Hause sprachen. Meine Sprachfähigkeiten wurden noch besser, indem ich mehr Zeit mit ihr und ihrer Familie verbrachte und die Army profitierte davon. Es war nicht lange nach dem Zweiten Weltkrieg und der Krieg gegen Deutschland neigte sich erst jetzt dem offiziellen Ende zu. Es war mir möglich, wertvolle Information zu verschiedenen Themen an die Offiziere weiterzugeben. Ich erneuerte meine Romanze mit Kathe und heiratete sie als amerikanischer Soldat im August 1952. Wir mussten einige schwierige Hürden überqueren, doch es gelang uns und ich brachte meine Braut zurück nach New York City.

Hochzeitstag in Deutschland (August 1952)

31

UNSER LEBEN, KURZ ZUSAMMENGEFASST

Kathe gewöhnte sich gut an das Leben in Amerika. Ihre Schwester Ruth lebte, zusammen mit ihrem Mann Bruce, bereits in New York City. Kathe hatte eine enge Beziehung zu ihren Eltern und schrieb ihnen deswegen regelmäßig. Als amerikanischer Soldat war ich in der Lage, viele ihrer Habseligkeiten mit in die Staaten zu bringen, damit sie sich hier so heimisch wie möglich fühlen konnte. Kathe war, um es auf den Punkt zu bringen, brillant. Sie sprach zahlreiche Sprachen, jede von ihnen mit einem einheimischen Akzent. Sie hatte Englisch von einer britischen Lehrerin gelernt, sodass sie am Anfang mit einen wundervollen britischen Akzent sprach. Von dem Tag an, an dem ich Kathe heiratete, hatte sie das Abendessen schon vorbereitet, wenn ich von Arbeit nach Hause kam. Wir sprachen über unsere Hoffnungen und Träume als Paar, mit dem schweren Versuch, uns nicht an die Vergangenheit zu erinnern.

In den folgenden Jahren bekamen wir zwei wunderschöne Töchter. Evelyn, unsere Älteste, heiratete 1976 Stuart Lenoff. Sie hatten zwei Kinder: Wayne und Kaitlyn. Kaitlyn heiratete Richie Horwith im Jahr 2012 und Wayne verlobte sich im Juli 2015 mit Miriam. Die Beiden heirateten im März 2016. Ich freue mich sehr sagen zu können, dass ich auf beiden Hochzeiten tanzen und an diesen gesegneten Erlebnissen teilhaben konnte.

Evy schloss die University of Tennessee mit einem Abschluss in Sonderpädagogik ab, womit sie die Erlaubnis zum Unterrichten bekam. Sie fuhr mit ihrer Ausbildung fort, um Vertrauenslehrerin und Beraterin zu werden. Nun hat sie den Klassenraum verlassen und ist Leiterin der Schülerberatung an einer Schule in Florida. Ich würde sie als die geduldige Tochter bezeichnen.

Deb, unsere Jüngste, hatte schon immer Interesse am Holocaust. Sie machte ihren Abschluss an der Virginia Commonwealth University und absolvierte mit einem Bachelor of Social Work. Zusätzlich schloss sie die Fordham University mit einem Master in Sozialer Arbeit ab. Sie ist mit Dan Donnelly, einem pensionierten Polizisten, verheiratet. Leider konnten sie keine eigenen Kinder bekommen, da Deb an vielen Autoimmunkrankheiten leidet. Sie und Dan genießen es jedoch, eine Vielzahl an Hunden zu verwöhnen. Deb genießt ihren Job als Sozialarbeiterin in einem Schulumfeld, wo sie eine kleine Praxis, welche auf Trauma spezialisiert ist, führt.

Wie es bei vielen Müttern der Fall ist, wurden Kathes Kinder ihre Welt. Wir haben uns gegenseitig versprochen, dass egal was passiert, dass unsere Kinder an erste Stelle stehen würden. Kathes Ziele waren eine Familie und ein Haus zu haben und eines Tages eine Ausbildung. Durch meine Arbeit als Zimmermann, und einer Reihe von Nebenjobs, konnten wir uns ein Haus in den Vororten von New Jersey kaufen.

Kathe, der die Bildung genauso wie mir verwehrt geblieben war, erlangte das GED und nahm an einem Test teil, der ihr, zusammen mit ihrer Lebenserfahrung, einen Junior Level Platz am College gab. Sie absolvierte summa cum laude mit einem Abschluss in Buchhaltung. Doch Kathe hörte noch nicht auf. Sie nahm an den CPA Prüfungen teil und erhielt eine der drei höchsten Wertungen im Bundesstaat New Jersey. Von diesem Punkt an konnte sie sich ihre Arbeit aussuchen. Sie nahm eine Stelle in einer kleinen Buchhandlung an, die sie sehr liebte.

Allerdings war auch nicht alles perfekt für uns. In ihrem Senior Jahr am College wurde bei ihr Eierstockkrebs im 4. Stadium diagnostiziert. Dies war natürlich ein verheerender Schlag für uns. Mit Operationen und Bestrahlung gelang es ihr noch vier Jahre zu leben. Dann kam der Krebs in ihren Knochen zurück und breitete sich binnen weniger Monate in ihrem gesamten Körper aus. Es gab keine Chance mehr auf Heilung. Kathe kämpfte so mutig und lange gegen die Krankheit an, wie sie konnte, bevor wir sie 1978 verloren.

Nach zweiundzwanzig Jahren als Witwer fand ich Gesellschaft in Aida, einer russischen Immigrantin. Wir heirateten im April 2000. Wir verließen das Haus, in dem ich den Großteil meines Lebens in der Umgebung von New York/ New Jersey verbracht hatte. Zusammen mit meiner neuen Frau zog ich nach High Point/Greensboro im Bundesstaat North Carolina. Meine Töchter freuten sich nicht über meinen Umzug, da ich nun nicht länger in ihrer Nähe leben würde. Für mich fühlte es sich allerdings richtig an.

Es war keine einfache Zeit, als ich mich dort eingewöhnen musste. Am Anfang fühlte ich mich ziemlich isoliert und einsam. Schließlich schloss ich mich dem Temple Emmanuel an, wo ich mich mit dem Rabbi Fred Guttman anfreundete. Er trug maßgeblich dazu bei, dass ich meine Geschichte teile. Zunächst waren es nur wenige kleine Anstöße, welche immer beharrlicher wurden, je weiter die Zeit voranschritt. Die, die überlebten, sterben langsam. Und es ist eine Geschichte, die erzählt werden muss und wer kann das besser, als einer, der es wirklich erlebt und der in der Lage war, die Gräueltaten in den Lagern zu überleben? Langsam, auf Drängen des Rabbis und dank seiner Unterstützung, begann ich, meine Geschichte zu teilen.

2006 wurde ich von einer Gruppe Jugendlicher eingeladen am Marsch der Lebenden, einer jährlichen Veranstaltung, welche Menschen dazu anregt, mehr über den Holocaust und seine bösen Wurzeln zu lernen, teilzunehmen. Zum ersten Mal würde ich zurück nach Polen reisen. Mit einigen verständlichen Zweifeln akzeptierte ich die Einladung des Rabbis schließlich. Tief in meinem Inneren wusste ich, dass es wichtig ist, die jüngeren Generationen über den Völkermord aufzuklären, indem sie die Lager besuchen.

Wir marschierten von Polen nach Israel, um das Leben zu feiern und zur Ehre jener, deren Leben viel zu früh genommen wurde. Meine Beziehung mit meinem Enkel Wayne hat sich während des Marsches entwickelt und verbessert, worüber ich wirklich glücklich bin. Er begleitete mich zweimal. Meine Enkelin Kaitlyn ist genauso wichtig für mich. Kaitlyn ist nach meiner verstorbenen Frau benannt und mein Sonnenschein. Sie erinnert mich viel an die Jahre, als ich und meine Töchter noch jünger waren. Kaitlyn ist eine direkte Person, man weiß immer genau, woran man mit ihr ist.

Ich bin dankbar, dass jede meiner Töchter einen Mann hat, der sie liebt. Durch meine Zeit in New Jersey habe ich allerdings mehr Zeit mit Danny verbracht. Er ist ein echter Gentleman, der sich gut um Deb kümmert. Ich bewunderte sein handwerkliches Geschick beim Bau von Dächern und all den Dingen, die er bei ihnen Zuhause tut. Es ist offensichtlich, dass sie sich sehr lieben und respektieren. Unter anderen Umständen wären beide fantastische Eltern gewesen, da ich sehe, wie sie sich um ihre Hunde kümmern. Ihr Engagement in der Unterstützung anderer in ihren Karrieren spricht Bände über ihre Charaktere.

Meine älteste Tochter ist seit 1976 verheiratet. Sie und Stuart sind wundervolle Eltern. Stuart ist Evys Partner in allen Lebenslagen. Beide haben ihre Arbeit und ich sehe, wie er seine Haushaltsaufgaben anteilig zu Evys erledigt. Sie sind sehr gute Eltern und man sieht, dass die Kinder in ihrem Leben an erster Stelle stehen. Es war herzerwärmend zu sehen, wie Evy und Stuart ihre Türen und Herzen für die Partner ihrer Kinder geöffnet haben. Evy und Stuart arbeiten hart im Bereich der Bildung. Sie haben sich ihre baldige Rente wohl verdient.

Heute halte ich mich durch Vorträge an Schulen, Gemeinschaftszentren, Kirchen, Universitäten, Kasernen und Bürgerclubs beschäftigt. Wenn ich nicht spreche, spiele ich Tennis und gehe ins Fitnessstudio. Ich möchte, dass mein Körper genauso gut funktioniert wie mein Kopf. Ich bin stolz ein Mitglied der Temple Emanuel Gemeinschaft zu sein. Vor einigen Jahren, als wir ein Festival besuchten, stellte mich der Rabbi einem älteren Herrn vor, der im Zweiten Weltkrieg gedient und dabei geholfen hatte, ein Konzentrationslager zu befreien. Mein Interesse war geweckt und ich fragte ihn, welches Lager es gewesen war. Er antwortete mit: „Ebensee." „Sie haben mich befreit!", sagte ich. Was hätte ich noch sagen sollen?

Mehr als sieben Jahrzehnte haben meine Erlebnisse die besten Schutzwände geschwächt, die ich aufbauen konnte und haben ihren Weg in mein Bewusstsein gefunden. Ich habe noch immer

Albträume, manchmal wache ich auf dem Boden auf. Meine Tochter Deborah, welche Therapeutin ist, hat mich mit großem Mitgefühl viele Male daran erinnert, dass, obwohl ich sehr belastbar bin, angesichts meines Traumas Albträume nichts Ungewöhnliches sind. Vielleicht ist das was sie sagt richtig, aber das macht es nicht weniger schwer auszuhalten, wenn die Albträume kommen.

Ich werde oft gefragt, was ich denke warum ich überlebt habe. Ich wünschte ich könnte eine Antwort darauf geben, warum ich überlebt habe und andere Familienmitglieder nicht. Die Deutschen haben meist diejenigen getötet, die älter waren: Großeltern, Eltern und Beeinträchtigte. Ich war jung, gesund und in der Lage zu arbeiten. Da ich in einem Waisenhaus aufgewachsen bin, war ich schlau und gerissen. Ich war aufmerksam und versuchte unsichtbar zu sein. Das wurde einer der wichtigsten Mittel, um die Tortur zu überleben. Auch wollte ich der Welt sagen, was unschuldigen Menschen angetan wurde.

32

DIE SUCHE NACH FAMILIE

Seit Kriegsende habe ich versucht, Mitglieder meiner Familie zu finden. In den frühen 1960er Jahren fanden zwei Cousins auf der Seite meines Vaters mich. Ich war schockiert zu erfahren, dass ich noch eine Familie hatte. Ich hatte keine Erinnerung an sie, vielleicht weil ich so jung gewesen war, als ich sie das letzte Mal sah. Als Orangen aus Israel ankamen, verteilte ich sie an Leute im Gebäude und feierte die unglaubliche Neuigkeit, dass ich eine Familie hatte, die überlebt hatte.

Meine Tochter Deborah unterstützte mich später sehr bei meiner Suche. Wir schrieben an alle möglichen Leute und schlugen dabei jeden Weg ein, den wir finden konnten. Das Rote Kreuz führte seine eigenen Nachforschungen aus. Leider stellte sich heraus, dass dies eine Sackgasse war. Mehrere Personen übersetzen Briefe an das russische Konsulat und Militär auf der Suche nach meinem Bruder. Wieder kehrten wir mit leeren Händen zurück. Mit jedem Jahr eröffnete sich eine neue Möglichkeit, mit welcher nach Familienmitgliedern gesucht werden konnte. Jedes Mal war das Resultat ernüchternd.

Ich kam zu dem Schluss, dass ich der einzige Überlebende meiner unmittelbare Familie war, sonst hätten sie mich gefunden. Ich hatte den Punkt erreicht, an dem ich bereit war, das Suchen zu beenden. Ich hatte nichts als Enttäuschung erfahren, doch meine Tochter setzte ihre Suche fort. Und wenn sie etwas im Kopf hat, dann ist sehr schwer, sie davon abzubringen. Ich schwankte zwischen Wut und Hoffnung, als sie alle Wege verfolgte, um eine Spur unserer Familie zu finden. Wie wir bald entdecken würden, war nicht alle Hoffnung verloren. Während ich damit beschäftigt war, meine Geschichte mit einer neuen Generation zu teilen, hatte ich keine Idee, was damals in New Jersey geschah. Meine Tochter Deborah erzählt darum hier ihre Geschichte:

Mein Mann Danny unterstützte mich bei der Suche nach Verwandten. Jedes Jahr gingen wir zur Police Week in Washington DC, um den im Rahmen ihrer Polizeiarbeit verstorbenen Polizisten unseren Respekt zu zollen. Und jedes Jahr gingen wir in das Holocaust Museum, um zu recherchieren, doch ohne Erfolg.

In den späten 1990er Jahren erschien in der Lokalzeitung ein Artikel über zwei Cousins, die sich nach dem Krieg über die Website JewishGen Family Finder gefunden hatten. Ich dachte, dass es nicht schaden könnte und registrierte mich. Anfänglich war die einzige Antwort Stille. Ende April 2007 erhielt ich schließlich eine Anfrage von jemandem namens Oleg. Seine Nachricht lautete folgendermaßen:

Liebe Deborah

Ich frage mich, ob Sie in Beziehung zu Simcha, dem Sohn von Nachman, Brodt stehen. Wenn ja, kontaktieren Sie mich bitte, wenn nicht, so tut es mir leid, Sie zu stören.

Oleg

Ich schrie vor Freunde und ging, wie benommen, durch Haus herum. Ich hatte so viel Energie, ich wusste nicht, was ich mit mir anfangen sollte. In meinem ganzen Leben hatte ich noch nie so ein Gefühl gehabt. Danny sagte, ich solle Olegs Nachricht vorsichtig beantworten. Danny, der Mann, der immer hilft, auf dem Boden der Tatsachen zu bleiben, sagte: „Lass uns abwarten und sehen." Ich folgte seinem Rat und antwortete wie folgt:

Liebe Olga

Simcha ist der Bruder meines Vaters und Nachman ihr Vater. Wer sind Sie?

Grüße, Deb

Ich wartete über eine Woche auf Antwort. Es war mir peinlich, dass ich so schnell geantwortet hatte, ohne mir die Zeit zu nehmen, den Namen zu überprüfen, um zu vermeiden, dass aus dem lieben Oleg eine Frau namens Olga wurde.

Schließlich antwortete er und sagte mir, dass er Simchas Enkel sei. Wir korrespondierten mehrere Tage miteinander. Ich überprüfte ihn auf jeder erdenklichen Art und Weise, um sicherzustellen, dass er legitim war und dass diese unglaubliche Offenbarung echt war, bevor ich es wagte, es meinem Vater davon zu erzählen.

Bilder von Simcha und Nina, die 2007 empfangen wurden, um die Beziehung zwischen Hank und Oleg zu beginnen

Wir tauschten ein paar Bilder aus. Ich schickte dann ein Bild von Simcha an meine Schwester Evy und meinen Cousin mütterlicherseits, Bernie. Als mein Cousin die E-Mail öffnete, ging seine Frau Roz an ihm vorbei und sagte: „Oh, was für ein schönes Bild von Onkel Hank als er jünger war!" Bernie musste das Wunder erklären, das sich uns offenbarte. Als Oleg ein Foto von sich schickte, wurden alle Zweifel aus der Welt beseitigt: Er war das Ebenbild meines Vaters im gleichen Alter.

Ich konnte es kaum erwarten, dass mein Vater nach Amerika zurückkehrte. Ich war von diesen jüngsten Entwicklungen begeistert und eifrig, ihm zu erzählen, was in seiner Abwesenheit geschehen war. Als ich ihm die Neuigkeiten erzählte, plante er sofort anzurufen. An diesem Tag war ich als freiwillige Krisen-Psychiaterin nach einer Tragödie, die hatte zum Tod geführt hatte, eingeplant. Es bedurfte großer Disziplin, um mich konzentrieren, während ich auf das Ergebnis des transkontinentalen Gespräches wartete. „Deb, du und Oleg haben es geschafft", sagte mein Vater zu mir. Für mich es war erfreulich, eine Rolle dabei gespielt zu haben, meinen Vater mit der Familie seines Bruders wieder zu vereinigen.

Ich fragte Oleg kürzlich, was ihn dazu inspirierte, auf der Website JewishGen Family Finder zu schauen. Ich fragte ihn, ob er den Namen meines Vaters im Radio gehört hatte, als er in Birkenau die Kerze anzündete. Oleg sagte, dass hätte er nicht. Er und ein Mitarbeiter hatten über den Holocaust gesprochen und Oleg hatte erwähnt, dass die Familie seines Großvaters bis auf Simcha als tot vermutet wurde. Dieser junge Mann schlug vor, dass er die Informationen seines Großvaters auf der Website veröffentlichen sollte. Wenn jemand aus seiner Familie noch lebte, könne er dort antworten. Wie es das Schicksal wollte, wartete auf Oleg mein unbeantworteter Post. Meine Anzahl an Cousins verdoppelte sich. Ich habe jetzt vier Cousins anstatt zwei. Mein Vater machte schnell Pläne, um nach Israel zurückzukehren, um die Frau und die Familie seines Bruders zu treffen.

Mein Vater hatte keine Bilder von seiner Familie. Die wenigen, die seiner Mutter gehört hatten, gab es schon lange nicht mehr. Nachdem er sich mit der Familie seines Bruders getroffen hatte, entdeckten wir, dass sie ein Bild von seiner Schwester hatten und mehrere von seinem Bruder. Er brauchte kein Foto, um sich an seine geliebte Mutter zu erinnern. Seine Erinnerung an sie ist so klar, wie sie es nur sein könnte.

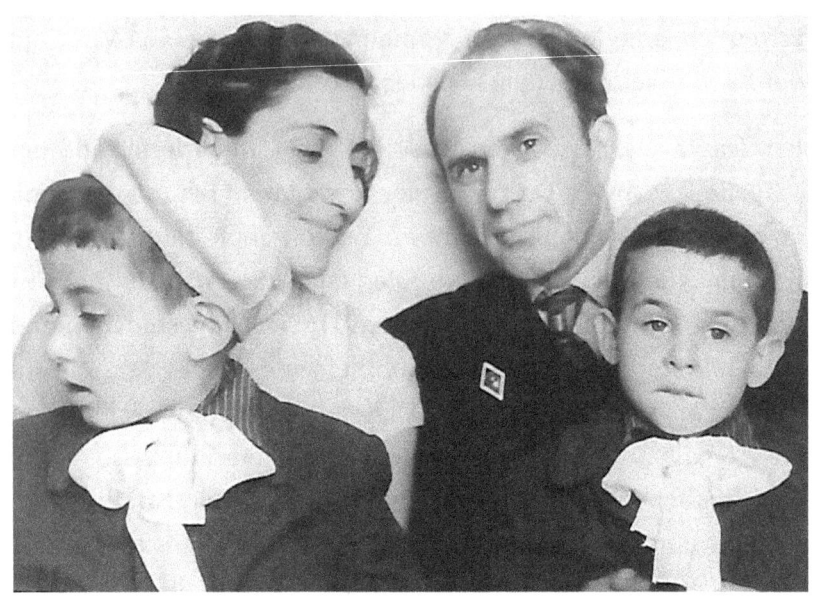

Hanks Bruder Simcha und Nina mit ihren wundervollen
Zwillingssöhnen Alex und Emil

Die Frage, warum Simcha nie nach meinem Vater gesucht hatte, wurde endlich geklärt. Nach dem Krieg erholte sich Simcha von seinen Wunden und kehrte nach Boryslaw zurück. Die Nachrichten, die ihn erreichten, waren sehr düster. Simcha erfuhr, dass sein jüngerer Bruder als Widerstandkämpfer getötet worden war, genau wie seine Frau, Mutter und Schwester. Boryslaw hielt nichts mehr für Simcha und er ging fort, ohne je nach Polen zurückzukehren. Wir konnten ihn nicht finden, da die Russen die Schreibweise seines Namens zu Symcha Brodt geändert hatten. Simcha Brodt existierte nicht. Leider starb Simcha 1986, ohne zu wissen, dass sein kleiner Bruder am Leben war, dass es ihm gut ging und dass er nun in den Vereinigten Staaten lebte.

Hank bei seinem Treffen mit Oleg 2007. Oleg nahm den E-Mail-Kontakt auf welcher die Familien zusammenbrachte

33

MARSCH DER LEBENDEN

Ab 2006 nahm ich jährlich am Marsch der Lebenden teil. Mein Enkel Wayne begleitete mich zweimal. Wayne hat einen Abschluss in Erholung. Er war schon immer ein Naturtalent, wenn es darum ging mit Jugendlichen zu arbeiten. Er war auch ein Begleiter auf dieser Reise. Bitte beachten Sie, dass ich immer noch so unabhängig bin, wie ich es stets war. Ich brauche weder Wayne noch sonst jemanden, der sich um mich kümmern muss. Ich genoss es einfach, meinen Enkel bei mir zu haben.

Bis heute nahm ich acht Mal dem Marsch der Lebenden teil. Eine Reise fällt mir ein, wo ich von der üblichen Routine, nur mit unserer Gruppe zu sprechen, abgewichen bin. Als wir durch Auschwitz gingen, stellte eine Gruppe von drei jungen Damen unserem Rabbi Fragen. Rabbi Guttman machte diese schönen jungen Damen auf mich aufmerksam und schlug vor, dass sie mit mir sprechen sollten. Der Rabbi ermutigte mich, so viel Zeit wie nötig mit diesen Touristen aus den Niederlanden zu verbringen. Diese Freundesgruppe hatte beschlossen, die Konzentrationslager allein zu besichtigen. Der Holocaust-

Erziehung verpflichtet, teilte ich die Geschichte des Holocausts sowie die Rolle, welche er in meinem eigenen Leben spielte, mit ihnen. Sie waren sehr daran interessiert mehr zu lernen, da ihr eigenes Land ein Teil von Anne Franks Geschichte ist.

Der Marsch der Lebenden ist ein wesentlicher Bestandteil der richtigen Bildung eines Juden. Jeder Jugendliche, der an diesem Marsch teilhaben will, sollte dazu in der Lage sein zu gehen, auch wenn seine Familie nicht über die finanziellen Mittel verfügt. Es ist eine essenzielle Erfahrung. Ich kann es nur empfehlen.

Hank und Wayne während des Marsches der Lebenden in Masada
(2013)

34

POSTSKRIPTUM
PERSÖNLICHE BRIEFE UND REFLEXIONEN VON NAHESTEHENDEN

Es folgen nun Briefe von Hank Brodts Töchtern, Enkelin, Enkel, Neffen und Freunden der Familie, einschließlich des Rabbi Guttman.

Von Deborah Donnelly, der jüngsten Tochter

Dies ist eine Geschichte meines Vaters, einem Holocaust-Überlebenden. Es ist die Geschichte eines einzigen Mannes aus einer düsteren Zeit, obwohl es auf der ganzen Welt viele Menschen gibt (vielleicht sogar die Tochter eines amerikanischen Soldaten), welche ihre eigenen Geschichten zu erzählen haben. Mir ist es unbegreiflich, wie die Ideologie eines Mannes – und alles, was dieser folgte— solch ein Chaos auf mehreren Kontinenten und so viele Verluste für so viele Familien mit sich bringen konnte.

Viele junge Männer meldeten sich in den Vereinigten Staaten von Amerika freiwillig, um unsere Freiheiten zu bewahren und um Hitler daran zu hindern, sein Versprechen oder seine Drohungen einzulösen, auch in die Vereinigten Staaten zu kommen. Viele schlossen sich den Streitkräften an, da sie von der Endlösung wussten.

Die Geschichte eines einzelnen Mannes könnte nicht ohne die Opfer so vieler Amerikaner erzählt werden. Tod und Verzweiflung bestimmten das Leben in dieser Zeit. Ich kann mir die Verzweiflung einer Mutter, als sie erfuhr, dass ihr Sohn an den Stränden der Normandie umgekommen war, nicht vorstellen. Noch kann ich mir eine junge Tochter vorstellen, die ihren Vater, nach dessen Tod auf den europäischen Schlachtfeldern, nie wieder sehen würde. Solch leere Herzen können nicht getröstet werden – ihre Wunden wurden von einem Verrückten verursacht.

Obwohl es für mich sehr schmerzhaft war, von dem Leben meines Vaters unter den Nazis zu erfahren, bin ich unglaublich stolz und dankbar, dass so viele Amerikaner ihr Leben bereitwillig in Gefahr brachten, um die Nazis zu besiegen. Ich möchte mein tief und herzlich empfundenes Beileid jeder Familie aussprechen, die ein Familienmitglied im Kampf für die Freiheit verloren hat. Und ich möchte jeder Familie danken, deren Familienmitglieder während des Zweiten Weltkrieges unter Waffen standen. Sie sahen die Schrecken des Krieges und viele Soldaten, welche die Konzentrationslager befreiten, leiden noch immer unter Albträumen von dem dort Gesehenen. Es hat das Leben vieler für immer verändert.

Unsere Familiengeschichten werden für immer miteinander verbunden sein. Ich danke jenen, die Ebensee befreit haben, und ihren Familien von ganzem Herzen. Ohne die tapferen Bemühungen dieser Soldaten gäbe es mich und viele andere nicht.

Mit der Verwirklichung dieses Buches ist es mir wichtig, zu sagen, dass mein Vater viel mehr als nur ein Überlebender des Holocausts ist. In seiner jüdischen Gemeinde ist er als Holocaust-Überlebender bekannt, doch für meine Schwester und mich ist er so viel mehr als das. Die Familie kam für ihn immer zuerst. Es gab für ihn kein größeres Geschenk als seine Familie. Mein Vater genoss die Zeit mit uns Kindern und unserer Mutter. Als meine Mutter viel zu früh starb, war es mein Vater, der die Familie zusammenhielt. Auch stellte mein Vater sicher, dass es uns in unserer Kindheit nie an etwas mangelte. Trotz langer Arbeitstage fand er immer Zeit mir vorzulesen. Er lehrte mich die Uhr zu lesen und viele Jahre später brachte er mir auch das Autofahren bei. Was hätte ich nur ohne seine Ausrufe, wie „Pass auf, der Mann hat seine Autotür geöffnet!" getan, wenn besagtes Auto erst vier Blocks entfernt stand.

Mein Vater besaß Geduld. Er ließ immer Vorsicht walten.

Ich muss nicht lange nachdenken, um Erinnerungen an ihn zu finden, die mich zum Lächeln bringen. Oft kam er von der Arbeit nach Hause und musste noch etwas erledigen. „Deb, willst du mit?" „Klar", antwortete ich dann. Wir sprangen durch die Straßen von New York und sangen dabei: Skip, Skip, Skip to my lou. Und es war ihm egal, was irgendjemand dachte. An den Wochenenden, wenn es geschneit hatte, zog er meine Schwester und mich auf dem Schlitten hinter sich her.

Meine Mutter arbeitete an Samstagen. Oft unternahmen Papa, Evy und ich dann Ausflüge. Wenn er Samstag zu Hause war, versuchte er immer sein Sabbat-Nickerchen zu machen. Wir warfen dann unsere Socken auf sein Gesicht, bis er wieder aufstand, und ich erinnerte ihn daran, dass Mama auch nie schlief. Kinder wissen nicht, wie sehr ein achtzehnstündiger Arbeitstag einen zermürben kann. Doch er war nie böse auf uns und gab sich uns hin, wann immer wir seine Aufmerksamkeit wollten.

Es war schlimm, als meine Mutter, zehn Tage bevor ich aufs College gehen wollte, starb. Ich bot an auf eine Schule in der Nähe zu gehen oder vielleicht sogar ein Semester zu pausieren, doch *mein Vater wollte davon nichts hören. Bildung hatte in unserer Familie einen hohen Stellenwert. Ich bin meinem Vater sehr dankbar, dass er mir das größte Geschenk gab: Unabhängigkeit und die Fähigkeit, für mich selbst zu sorgen, indem er meine Universitätsabschlüsse bezahlte. Er war immer begeistert von meinen weiteren Plänen bezüglich meiner Bildung zu hören und erinnerte mich stets daran, dass niemand einem nehmen kann, was man gelernt hat.*

Nachdem meine Mutter starb, als ich neunzehn Jahre alt war, stand mein Vater in doppelter Pflicht. Er war es auch, der mir, seit ich zwanzig war, bei wichtigen medizinischen Entscheidungen immer zur Seite stand. Sein Optimismus half immer und er half mir auch, alle Optionen abzuwägen.

Dieses Buch ist für dich, Papa. Es beinhaltet die Erinnerungen, die du endlich in der Lage warst zu teilen. Du hast mich gebeten, deine Erfahrungen aufzuschreiben. Ich weiß, dass es eine dunkle, schmerzliche und traumatische Zeit war. Ich weiß, dass dich das Wiedererleben dieser Erinnerungen um den Schlaf gebracht hat. Doch es ist geschafft und du hast mich gelehrt, dass auch die dunkelsten Tage ein Ende haben. Trotz all deiner schmerzlichen Erfahrungen bist du belastbar und widerstandsfähig. Du hast das Leben umarmt. Die dunklen Tage sind wirklich vorüber. Mama und du haben euren persönlichen Sieg über Hitler errungen: zwei Kinder und zwei Enkelkinder. Leider konnten Danny und ich keine Kinder bekommen, doch du hattest immer ein oder zwei Kekse für unsere Hunde dabei. Danny half mir durch die Jahre hinweg auf meiner Suche nach unserer Familie. Während der Gedenkwoche der Polizei nahmen wir uns immer Zeit, um im Holocaust Museum weiter zu suchen. Wer hätte gedacht, dass mein Traum, dank des Internets, viele Jahre später wahr werden würde? Wir haben so viel, wofür wir dankbar sein können. Auf das Leben und die

Widerstandsfähigkeit! Ich danke dir für alles, was du für mich getan hast.

Alles Liebe, Deb, deine jüngste Lieblingstochter

Von Evy Lenoff, der ältesten Tochter

„Jeder Mann kann Vater sein, doch es braucht jemanden Besonderen, um Papa zu sein." (Anne Geddes). Ein Papa ist jemand, der dich bedingungslos liebt, einen immer unterstützt, berät und beschützt. So ein Mensch ist mein Vater, Hank Brodt. Mein Vater war ein hartarbeitender Mann, der lange Stunden arbeitete, doch seine familiäre Verantwortung ernst nahm und immer Spaß mit seiner Familie haben wollte.

Als ich klein war, hoffte meine Mutter immer, dass ich schon schlafen würde, wenn mein Vater nach Überstunden oder seinem Nebenberuf nach Hause kam. Sie wollte etwas Ruhe haben und sie wusste, dass ich ein zweites Abendessen wöllte, wenn ich wach wäre und dann wäre es Party Time. Was für einen Spaß mein Vater und ich zusammen hatten. Meine Mutter sorgte sich, dass sie mich nicht wieder zum Einschlafen würde bewegen können, doch mein Vater sang einige der jüdischen Lieder, die er kannte, und der Schlaf kam von selbst.

Jedes Jahr machten wir zwei Wochen Urlaub in einer Bungalow-Siedlung in Ellenville, New York. Dort lernte ich Square Dance und lachte, während mein Vater mich herumwirbelte. Meine Mutter erzählte mir einmal eine Geschichte aus diesen Urlauben. Ich saß auf einer Schaukel während sie mich anstieß und hatte eine herrliche Zeit. Eine Frau kam auf mich zu und meinte, „Du musst deine Mama sehr lieben, so viel Spaß wie du hast." Mir wurde später erzählt, ich hätte geantwortet: „Ja, ich hab meine Mama ganz lieb, aber meinen Papa habe ich noch viel lieber!"

Als ich etwas älter war, arbeitete Mama in einem Lebensmittelgeschäft, wo sie für die Buchhaltung zuständig war. So hatten meine Schwester Deb und ich unseren Vater für uns allein. Was für einen Spaß wir miteinander hatten. Er versuchte immer ein Nickerchen Samstagmittag zu machen und wir wollten ihn davon abhalten, sodass er mit uns spielte. Manchmal gewannen wir und er spielte mit uns. Manchmal schliefen wir neben ihm ein.

Sonntag war ein traditioneller Familientag und wir besuchten Museen, gingen zur Lower East Side oder spazierten durch die vielen Parks, die New York bereit hält. Wir durften immer eine heiße Brezel oder Kastanien als Snack bekommen. Die liebste Zeit des Jahres waren für mich die Winterferien. Papa war Zimmermann und arbeitete lang und hart vor Thanksgiving an den schönen Dekorationen bei Lord & Taylor. Mama nahm uns zu dieser glitzernden Pracht mit hin und wir trafen Papa, um mit ihm Mittag zu essen. Er war sehr stolz auf uns, als er uns seinen Kollegen vorstellte. Ein Jahr überraschte er mich zu Chanukah mit einem schönen, handgefertigten Nachttisch.

Ich erinnere mich, als wäre es gestern gewesen. Ich war zehn Jahre alt und Papa nahm mich mit, um die Neuerscheinung von Mary Poppins *zu sehen. Ich sehe uns noch immer vor mir, wie wir in den Straßen in unserer Nachbarschaft tanzten und Chim Chim Cheree sangen. Wenn ich den Film heute sehe, habe ich Tränen in den Augen, weil er mich an dieses wunderbar glückliche Erlebnis mit einem Papa erinnert und an die besondere Zeit, die wir zusammen hatten.*

Als ich alt genug war, um Autofahren zu lernen, war es mein Vater, der es mir mit einer unglaublichen Geduld beibrachte. Auch half er mir, mein erstes Auto, einen blauen 1969 Rambler, UGUxxx, zu kaufen. Ich fuhr mit meinem 'neuen' Auto herum und immer wenn ich ein Geräusch hörte, ließ ich ihn fahren, doch natürlich hörte er dann nichts. Irgendwann sagte er, nach viel Frustration, „Schalte das Radio ein, dann hörst du nichts mehr."

Ich folgte seinem Rat, bis jemand auf der Straße zu mir meinte, „Lady, Sie ziehen Ihren Auspuffdämpfer." Papa fuhr von da an immer mit meinem Auto, wenn ich ein Geräusch hörte.

Als ich als Junior auf das College ging, tat meine Mutter dasselbe. Mein Vater brachte mich zur University of Tennessee und ich bettelte ihn an, um mein Auto bei mir zu haben, doch er erlaubte es nicht, weil Mama es nicht wollte und wir widersetzten uns nicht unserer Mama. Er sagte zu mir, dass er immer die Entscheidungen meiner Mama unterstützt hatte und dass das Wichtigste, was er für seine Kinder tun könne, sei unsere Mutter zu lieben, zu unterstützen und ihr zu glauben. Und er liebte sie inständig. Einmal hatten meine Mama und ich zur selben Zeit einen Test. Sie schnitt besser ab als ich und mein Papa wollte wissen warum. Ich sagte ihm, dass ich die gleichen Haushaltsarbeiten, wie Wäsche waschen und Essen kochen, verrichten müsse, aber dass ich auch über meine Samstagabende nachdenken müsse. Er lachte und verstand es. Mein Vater hatte einen weichen Kern. Als es der fünfundsiebzigste Geburtstag meiner Großmutter und Muttertag war, wollte ich für die Feierlichkeiten nach Hause fahren (ich hatte endlich mein Auto mit am College), doch meine Mama wollte nicht, dass ich fuhr, und ich gehorchte ihr. Mein Vater besorgte mir ein Flugticket, damit ich an den Feierlichkeiten teilhaben konnte und ich konnte meine Mama überraschen. Ihre erste Frage war: „Wie bist du hierhergekommen?" Sie wollte sicher sein, dass ich nicht ungehorsam war und ich antwortete einfach, dass mein Vater mir eine Fahrkarte geschickt hätte. Eines der besten Dinge, die mein Vater je für mich tat, war an mich zu glauben und sicherzugehen, dass ich meinen College-Abschluss ohne Schulden ablegen konnte.

Ich musste für meinen Abschluss keinen einzigen Cent bezahlen. Dafür werde ich ihm auf ewig dankbar sein.

Ich bin neununddreißig Jahre verheiratet und meine Hochzeit ist noch immer eine schöne Erinnerung für mich. Ich höre meinen Vater noch immer Sunrise, Sunrise *von* Fiddler on the Roof *zu mir singen, als wir den Vater-Tochter-Tanz tanzten. Als meine Kinder, seine Enkelkinder, geboren worden, freute er sich sehr, ein wesentlicher Bestandteil ihres Lebens zu werden. So oft er konnte kam er nach Florida, um sie zu besuchen. Er ist sehr stolz auf ihre Leistungen, so wie sie es auf die seinigen sind. Mein Sohn Wayne hat eine besondere Beziehung zu ihm aufgebaut, indem er ihn zweimal auf den Marsch der Lebenden begleitete und seine Geschichte hörte. Als meine Tochter Kaitlyn heiratete, bat ich ihn, ihr die Sieben Segen für die Zeremonie zu geben. Er war sich nicht sicher, ob er es konnte. Doch er sagte auch, dass wenn eine Tochter einen etwas fragt, man alles in seiner Macht tut, um ihre Bitte zu erfüllen. Es war ein schöner Teil der Zeremonie und er fühlte sich sehr besonders, ein Teil davon sein zu dürfen.*

Mein Vater feiert seinen neunzigsten Geburtstag und ich bin so gesegnet, ihn als wichtigen Teil meines Lebens zu haben und ich schätze jeden Tag, wenn ich mich der vielen Momente des täglichen Lebens und der besonderen Feiertage, die wir zusammen verbracht haben, erinnere.

Danke, dass du immer da bist, um zu helfen und mich durch das Leben zu führen und dafür, dass du mein Papa bist. Du bist wirklich jemand Besonderes für mich.

Mit ganz viel Liebe, Evy Lenoff, auch als deine älteste Lieblingstochter bekannt.

Von Kaitlyn, Enkelin

Ich habe ein paar Erinnerungen, die ich gerne teilen möchte. Als ich aufwuchs, hast du mich oft in Florida besucht. Wir gingen schwimmen und du hast mir das Spiel Chimney Sweep beigebracht. Wir hatten sehr viel Spaß. Als ich älter wurde, kam ich in New Jersey zu Besuch. Du ludst mich zum Essen ein und wir sahen zusammen meine erste Show am Broadway: Die Schöne und das Biest. Wir hatten richtig gute Sitzplätze, genau in der Mitte und nicht zu weit hinten. Die eindrucksvollste und jüngste Erinnerung, die ich habe, war als ich dir am Telefon erzählte, dass ich heiraten würde. Du warst so aufgeregt und konntest meinen besonderen Tag kaum erwarten. Ich habe dich gefragt, mir die Sieben Segen auf meiner Hochzeit zu geben und du warst phänomenal. Das werde ich nie vergessen.

Ich habe dich lieb!

Alles Liebe,

Deine Lieblingsenkelin, Kaitlyn.

Von Wayne, Enkel

Mein ganzes Leben lang so weit von dir entfernt zu leben war eine Herausforderung. Im Leben dreht sich alles um Herausforderungen, und genau das habe ich von dir gelernt. In den letzten fünf Jahren habe ich von deinen Erfahrungen mehr gelernt, als man je im Leben zu lernen hoffen kann. Die Gefühle in Vorbereitung auf die zwei Märsche der Überlebenden waren Achterbahnfahrten. Niemals hätte ich es mir vorstellen können, wie es wäre an Orten zu sein, die dein Leben auf so viele Arten und auch das meinige so verändert haben. Deine Erzählungen haben mir die Augen geöffnet und mir gezeigt, dass man das Leben feiern und wertschätzen und hart arbeiten sollte.

Ich möchte dir danken, dass du mir gezeigt hast, wo du herkommst und dass du mir die Traditionen, die du als Kind und Erwachsener, gefeiert hast, beigebracht hast. Diese Dinge sind nicht nur Teil deines Lebens, sondern auch von meinem. Ein paar Momente sind mir klar in Erinnerung: Als ich jünger war und nach New Jersey kam, um ein Giants Spiel zu erleben, das Händeschütteln mit den zerknüllten fünf Dollarscheinen am Ende unserer Besuche und später dann während des Marsches der Lebenden, wie wir in Polen durch die Straßen liefen und tanzten, wie lebendig wir uns fühlten, als wir in Israel aus dem Flieger stiegen, obwohl wir erschöpft waren. Wie wir durch Israel liefen, als ich krank war, und nach einem magischen Schnaps suchten, der meinen Gesundheitszustand verbessern könnte. Und wie wir herausfanden, dass wir eine Familie in Israel haben, mit der wir besondere Anlässe teilen können.

Danke, dass du MEIN Großvater bist, MEIN Pop. Ich schätze die Erinnerungen und Lektionen, die ich von dir habe und freue mich auf viele weitere Momente mit dir.

Ich hab dich lieb,

Wayne

Von Bernie Slome, Neffe

Heute ist Hank Brodt ein Mann, der seine Erfahrungen als Überlebender des Holocausts teilt. Er reist und spricht darüber, wo immer er auch gefragt wird. Er hat zahllose Male am Marsch der Lebenden teilgenommen und ich bin sehr stolz auf ihn.

Für mich ist er jedoch einfach Onkel Henek. Ein Mann, ein Soldat, ein Freund und ein Onkel. Ich habe das Vergnügen, ihn bereits so lange zu kennen, wie ich mich erinnern kann. Er war ein junger Soldat in seinen Zwanzigern auf Heimaturlaub in Brooklyn. Ungefähr 1952 war das. Ich hätte niemals von ihm als Überlebenden gedacht. Was sollte ein Überlebender denn auch in der Army treiben? Und dann auch noch ein Sergeant, der ohne jeglichen Akzent sprach.

Er war der Mann, der die zweite Seder-Nacht in seinem Haus führte, wo wir uns als Familie versammelt hatten. Er liebte es zu singen. Er machte Dayenu lustig. Er hatte dieses Funkeln in seinen Augen, während er es sang. Manchmal einen Einzelrefrain und manchmal einen Doppelrefrain. Als mein Vater Jahre später verstarb, war es mein Privileg, den Seder zu führen. Mein Onkel war zur Stelle, um mir zu helfen und um das Dayenu zu führen. Obwohl er nicht mehr unser Seder besucht, singen meine Söhne das Dayenu genauso, wie Onkel Hank es getan hat. Manchmal ist der Refrain einzeln und manchmal doppelt; und gelegentlich ist er, so wie bei Onkel Hank, dreifach.

Onkel Henek – ich erinnere mich nicht genau, wann er zu Onkel Hank wurde – nahm mich mit zum Madison Square Garden, um Gene Autry zu sehen. Er nahm mich mit in den Zirkus und kaufte mir Zuckerwatte und ein Licht an einem Schlüsselband, dass alle Kinder andrehten, wenn die Lichter ausgingen.

Mein erstes Baseballspiel, Yankees gegen Detroit Tigers 1958 im Yankee Stadium, erlebte ich mit meinem Onkel. Mein erstes Mets Spiel 1962, Polo Guards gegen die Dodgers, was auch mit ihm. Wir nahmen den Bus von seiner Wohnung in Washington Heights und liefen ein paar Blocks.

Wir spielten Stickball in seiner Haverstraw Bungalowkolonie. Wir spielten Tennis in Shorehaven.

So viele wunderbare Erinnerungen, so viel Gelächter und so viel Spaß. Ich bin glücklich Onkel Hank in meinem Leben zu haben. Er ist eine ganz besondere Person.

Bernie Slome.

Von Emil und den Israel Brodts

Ich erinnere mich recht gut an das, was im Mai 2007 passiert ist. Oleg rief mich an und gab mir eine Telefonnummer aus New Jersey. Er sagte, er hätte die Nummer auf einer Webseite gefunden, wo die Mitglieder jüdischer Familien einander finden könnten. Er sagte, dass dies die Nummer einer gewissen Frau Deborah Donnelly wäre. Ihr Vater wäre aus Boryslaw, der Stadt in welcher mein Vater, Simcha Brodt, geboren wurde.

Ich rief Deborah sofort an. Als sie hörte, wer da anrief, fing sie an zu weinen. „Es ist ein Wunder", sagte sie. Ich versuchte sie zu beruhigen. Ich sagte ihr, dass es sich vielleicht nur um eine Verwechslung handele und fragte, ob sie Bilder schicken könnte. Als ich diese Bilder empfing, bestand für mich kein Zweifel mehr. Du, Hank, siehst meinem Vater so ähnlich!

Und weniger als einen Monat später kamst du nach Israel und wir trafen uns. Ich bin froh, dass meine Mutter den Bruder ihres verstorbenen Mannes treffen konnte. Es war ein sehr aufregendes Treffen. Und all unsere darauffolgenden Treffen, ob Israel oder in den USA, alle waren und sind sie so toll.

Deb hat Recht. Es ist ein Wunder, Hank, dass du es geschafft hat den Holocaust zu überleben. Es ist ein Wunder, dass wir einander nach so viel Zeit finden und treffen konnten, um wieder eine Familie zu werden.

Wir alle, Alex, Julia, Natasha, Oleg, Maxim, Ben, Yotam und ich, wünschen dir, dass du weiterhin so lebhaft bleibst. Bleib bitte gesund und glücklich.

Von Jason Weingarten, einem Freund der Familie

Es ist eine Sache, über die Belastbarkeit von Holocaust-Überlebenden zu sprechen. Es ist eine andere Sache, diese zu erleben. Als Enkel zweier Holocaust-Überlebender hatte ich das Privileg, mit denen zusammen zu sein, die das Wesentliche dessen demonstrieren, was es bedeutet, belastbar angesichts eines längeren Traumas zu sein. Es bedeutete auch, dass ich ständig über das Zusammenspiel dieser beiden Konzepte nachdachte: Trauma und Belastbarkeit. Als klinischer Psychologe begegne ich den verschiedenen Trajektorien, die sich aus traumatischen Ereignissen ergeben, und bewundere weiterhin diejenigen, die in den schrecklichen Erlebnissen einen Sinn zu finden scheinen – ja, sogar daran zu wachsen scheinen. Daher war es nicht verwunderlich, dass ich mich entschied, mein Studium auf die Belastbarkeit von Holocaust-Überlebenden zu konzentrieren, erstaunt über ihre Fähigkeit, durchzuhalten und die Art und Weise zu bestimmen, wie sie ihre Kraft zurückeroberten, die nicht nur Bewunderung, sondern auch mehr Forschung und Verständnis verdient.

Während ich die Aussagen von Holocaust-Überlebenden durchlas und Komponenten und Strategien extrahierte und definierte, die in ihre belastbaren Reisen eingebettet waren, tauchten bestimmte Themen und Konstrukte auf. Es scheint, als ob widerstandsfähige Holocaust-Überlebende Vorstellungen von Härte, Entschlossenheit und Hoffnung verkörperten, während sie zurückforderten und wiederherstellten, wer sie waren und sie die Ereignisse akzeptierten, sich anpassten und aus ihnen wuchsen, die ihr Leben irreparabel veränderten. Sie lebten mit Ehrenwerten - sie ehrten die Verlorenen, ehrten ihre Reise und ehrten ihre jüdische Identität - und Verantwortung („Nie wieder") und sprachen oft von der besseren Zukunft, die ihre Kinder haben werden - und arbeiteten endlos daran, diese sicherzustellen.

Hank Brodt ist einer dieser Leute. Hank umarmt die Welt mit wilder Entschlossenheit, angeborener Hoffnung auf eine bessere Zukunft und einer starken Umarmung für diejenigen, die sich in Reichweite befinden. Da er den Holocaust überlebt hat, lebt Hank sein Leben mit den Werten Ehre und Verantwortung als Leitworte. Er hat so viel Zeit, Mühe und Herz für die Anwaltschaft für jüdische Anliegen und Hommagen an deren Erfahrungen aufgewendet, von denen er sich wünscht, dass niemand sie noch einmal ertragen muss. Ich hatte die Ehre, so manches Passah mit Hank zu verbringen, fasziniert von seinem Charisma und seiner Lebensfreude, geliebt von seiner Wärme und liebevollen Natur und immer noch voller Ehrfurcht vor dem, was er getan hat, was er tut und was er weiterhin tun wird. Ich hoffe, ich kann bald ein weiteres Passah mit ihm verbringen, denn Menschen wie Hank Brodt findet man nur selten.

Von Rabbi Fred Guttman

Hank Brodt kam vor einem Jahrzehnt nach Greensboro. Ich erinnere mich, wie ich ihn während des Gottesdienstes auf unserem Greene Street Campus traf. Er informierte mich darüber, dass er ein Holocaust-Überlebender war, der ein unerwünschter Gast in fünf Nazi-Konzentrationslagern gewesen war.

Die Zeit verging und ich fragte Hank, ob er es in Betracht ziehen würde, uns auf den Marsch der Lebenden zu begleiten. Diese jährliche Odyssee zu den Konzentrations- und Todeslagern in Polen umfasst mehr als zehntausend Jugendliche aus über vierzig Ländern und endet in Israel.

Hank war zunächst äußerst zurückhaltend. Er hegte nicht wirklich den Wunsch, nach Polen zurückzukehren und das Grauen, welches er erlebt und das für den Tod von beinahe seiner ganzen Familie verantwortlich war, erneut aufzugreifen.

Ich erinnere mich gut an die Diskussion in meinem Büro. Ich sagte ihm, dass diese Reise – sollte er sich entscheiden, mit uns zu kommen —nichts mit ihm oder mit seinen Gefühlen von Verlust und Trauer zu tun haben würde. Egal, wie schwierig diese Gefühle waren. Nein, seine Teilnahme an dieser Reise würde mit einer heiligen Mission zu tun haben: Die Jugend über die Tragödie, welche der Holocaust gewesen war und wie er, schrecklicher Weise, einen Juden und seine Familie beeinflusst hatte, aufzuklären. Ich fragte ihn auch, wie lange er noch gedachte zu leben und wie lange er noch gesund genug sein würde, um seine Geschichte zu erzählen.

Eine Woche später, 2006, erklärte Hank sich bereit, uns auf die Reise zu begleiten. Die Auswirkungen seiner Anwesenheit auf dieser Reise waren unmittelbar. Hank erzählte seine Geschichte oft und an vielen Orten. Er freundete sich mit unseren jungen Menschen auf ganz besondere Weise an. Sie wurden, auf eine Art und Weise, seine Enkelkinder und er wurde ihnen ein weiterer Zeyde. Sie nannten ihn sogar Hank the Tank!

Ich sah, wie die Jugendlichen Hank mit einer unglaublichen Intensität zuhörten. Ich sah, wie sie ihn auf einen Stuhl, wie einen Bar Mitzwa Jungen, in einer Synagoge in Krakau hoben. In dem Waisenhaus in Warschau, unter der Leitung von Janucz Korchak, hörte ich Hank Oyfn Pripetshik singen. Ein Lied in Erinnerung an die 1.500.000 Kinder, die starben. Ich hörte Hank 'Veshamru' bei dem Minjan von ungefähr zweihundert Männern während der Kotel singen. Ich war am Hebrew Union College in Jerusalem an Sabbat 2007, dem Jahrestag von Hanks Befreiung, anwesend, als er für einen besonderen Segen aufgerufen wurde.

2007 wurde Hank die außergewöhnliche Ehre in Auschwitz (Birkenau) zu Teil, eine der sechs Erinnerungsfackeln während der International Yom Hashoah (Holocaust) Memorial Day Zeremonie zu entzünden. Er zündete die Fackel in Erinnerung an die zahlreichen Mitglieder seiner Familie an, welche die Nazis ermordet hatten.

Während Hank an dem Marsch der Lebenden teilnahm, erhielt seine Tochter Deborah willkommene Neuigkeiten. Diese Neuigkeiten würden das Ende von Hanks Geschichte und sein Leben auf eine Art und Weise verändern, die er sich niemals hätte erträumen können.

Ich könnte noch lange weiter über meinen lieben Freund Hank Brodt sprechen. Er ist wirklich ein einzigartiger Mensch und die speziellen Erlebnisse, die wir miteinander verbracht haben, sind zahlreich.

Hank hat mit Sicherheit das getan, worum ich ihn damals bat. Er nahm nicht nur an einem Marsch der Lebenden teil, sondern, im Moment, bereits an acht!

In unserer Gemeinschaft gibt Hank weiterhin Vorlesungen an Colleges, Universitäten, High Schools, Middle Schools und Kirchen über die Shoah. Er erteilt diese Vorlesungen, in seinen Worten, denjenigen, welche starben, zu Ehren.

Als ich diese Zeilen schreibe, nähert sich Hank seinem neunzigsten Geburtstag. Er ist ein wesentlicher Bestandteil unserer jüdischen Gemeinde geworden. Er hat eine großartige Baritonstimme und singt häufig während der Sabbatgottesdienste im Temple Emanuel.

Wir wünschen ihm noch viele Jahre der Gesundheit, Freude und dem Lehren von jungen Leuten über die Konsequenzen von Voreingenommenheit, Bigotterie, Rassismus und Antisemitismus. Vielen lieben Dank, Hank, für alles, was du uns, unseren Kindern und der größeren Gemeinschaft, beigebracht hast!

Rabbi Fred Guttman.

DANKSAGUNGEN

Als jüngste Tochter habe ich diese Erinnerungen meines Vaters aufgeschrieben. Dabei erhielt ich Hilfe von verschiedenen Personen. Ich kann meinem Mann Danny nicht genug für all seine Hilfe, während des Schreibens von diesem Buch und allem, was ich tue, danken. Deine Geduld und dein Mitgefühl waren während dieses Prozesses von unschätzbarem Wert. Als ich total überwältigt von den Bildern, die wir uns ansahen, aufgab, hast du durchgehalten und eine Aufnahme meines Vaters, am Tag nach seiner Befreiung, in Ebensee gefunden. Ich kann dir, für alles was du tust, nicht genug danken. ‚Ich könnte die Dunkelheit verfluchen oder ein Licht einschalten.' Du bist dieses Licht in der Dunkelheit meines Lebens. Ich liebe dich.

Evy, danke für unsere Autobahngespräche, die zur Fertigstellung dieses Buches führten. Entscheidungen und Absprachen wurden, während wir auf dem Weg zur Arbeit waren, beschlossen.

An Howie Schechter, meinen Mentor, meinen Freund. Ich danke dir, für deine Ermutigungen und das Überprüfen meiner Arbeit. Ich schätze deine Fähigkeit, mir zu helfen mich zu konzentrieren und meine angestrebte Leserschaft zu definieren. Deine Unterstützung brachte dieses Buch zum Tragen.

Dani von der Organisation Boryslaw, Drohobycz und Umgebung, vielen Dank für die Bilder und die Geschichte der Region Galizien. Mein Vater sagt mir immer, dass Galizier die nettesten Leute sind. Ich kann das nun auch sehen.

An Nancy Hartman und Kollegen aus dem USA Holocaust Memorial Museum. Ich kann Ihnen nicht genug, für Ihre Hilfe bei der Beschaffung der Bilder für dieses Buch, danken. Nancy, danke dass Sie mir ein Foto von meinem Vater gaben, wo er neunzehn Jahre alt war. Es ist traurig, dass dies das einzige Bild von ihm ist, das wir aus seiner Jugend haben.

Zu Beginn dieses Projekts stellte mich mein Vater Chris Cox vor, welcher ursprünglich die Memoiren meines Vaters schreiben wollte. Er wurde aber darauf hingewiesen, dass ich genau damit beschäftigt war. Ich muss mich bei Chris bedanken, der sein Fachwissen als Schreibberater für frühere Entwürfe zur Verfügung stellte. Ich genieße nicht nur Chris´ dicken Südstaaten Tonfall, sondern auch seine Ermutigungen und seine Freundlichkeit. Vielen Dank für all deine Unterstützung, Chris.

Wayne und Kaitlyn, danke, dass ihr die wunderbarste Nichte und der wunderbarste Neffe seid, die man nur haben kann. Ich freue mich über euer Feedback und dass ihr freiwillig eurem Großvater etwas geschrieben habt. Danke Stuart, dass du mein Schwager bist. Deine Ehrlichkeit habe ich immer geschätzt und sie gab mir viele Lacher.

Bernie und Roz, man kann sich seine Familie nicht aussuchen, aber man kann sich aussuchen, mit wem man seine Zeit verbringt. Danke, dass ihr in kritischen Zeiten, wenn es um die Geschichte meines Vaters ging, da wart. Ihr wart an meiner Seite, als wir entdeckten, dass wir tatsächlich meine Cousins gefunden hatten. Eure scharfen Augen waren sehr maßgeblich an diesem Wunder beteiligt. Vielen Dank, dass ihr an diesem Buch mitgemacht habt und betont, dass mein Vater so viel mehr ist, als nur ein Überlebender. Vielen Dank, dass ihr einen Brief an geschrieben habt, der in dieses Buch aufgenommen wurde.

Meine liebe Tori, danke, dass du meine Vision für das Cover des Buches zum Leben erweckt hast. Du bist eine talentierte Fotografin und ein wunderbarer Mensch. Ich bin gesegnet, eine so großartige Adoptivtochter zu haben.

Vielen Dank an Oleg, dass du dir den Jewish Gen FamilyFinder angesehen hast.

Vielen Dank an Oleg, Max, Emil, Alex, Natasha, Julia und Guidon, dass ihr mir geholfen habt, einen Teil unserer Familiengeschichte zu kennen und viel zu viel verlorene Zeit aufzuholen. Aufgrund der Jugend meines Vaters, als sein Vater starb, hatten wir nur wenige Informationen über seinen Vater. Doch ich denke, dass wir zusammen, eine möglichst vollständige Familiengeschichte zusammengetragen haben.

Vielen Dank an alle meine Freunde und Kollegen für alles, was ihr getan habt, um meine Bemühungen, dieses Buch zu schreiben, zu unterstützen. Viele von euch waren, während ich diese dunkle Zeitperiode erforschte, ein wohltuender Sonnenschein. Ich bin wirklich gesegnet, so wundervolle Freunde zu haben.

An meine Gleichgesinnte Liesbeth Heenk. Danke, dass du dich den Erinnerungen meines Vaters und mir angenommen hast. Du hast mich angehalten, immer weiter zu machen, während du gleichzeitig die Messlatte immer höher gelegt hast. Du bist eine großartige Verlegerin und Lektorin. Danke, dass du meinen Glauben erneuert hast.

An meinen Papa. Ich kann dir nicht sagen, wie leid es mir tut, was du in so jungen Jahren ertragen musstest. Du bist wirklich der Inbegriff der Belastbarkeit. Dein Optimismus und dein Vertrauen in andere sind nur ein paar deiner wunderbaren Eigenschaften. Ich habe Glück, dich als meinen Papa zu haben. Dass du ein Überlebender bist, ist nur ein kleiner Teil dessen, was du für Evy und mich bist. Du bist unser Papa, derjenige, zu dem wir gerannt sind, wenn wir Angst hatten; derjenige, der uns das Autofahren beibrachte; derjenige, der unsere Leidensgeschichten anhörte und uns immer ein Stück weiter vorwärts gebracht hat. Ich stehe zu dir, wenn ich sage Never Forget und Never Again.

EPILOG

Hank Brodt verstarb am 22. Mai 2020.

Was sagt man über einen geliebten Menschen nach dessen Tod, das mehr Bedeutung hat, als die Gedenkrede und die gesprochenen Lobreden? In den Tagen, Wochen und Monaten, die folgen, ist es immer schmerzhaft. Mein Vater verstarb während der Covid19-Pandemie. Sein Tod ging in den Statistiken unter, doch nicht für mich. Für mich ist er keine Zahl! „Ist er an Covid19 gestorben?", haben mich Leute gefragt. „Nein!", lautet die Antwort, „Eigentlich nicht." Was für einen Unterschied macht es überhaupt? Tot ist tot. Doch um zum Thema Covid19 zurückzukommen: Es lag keine Böswilligkeit hinter dem Tod meines Vaters. In seinen letzten Tagen verlor er, aufgrund seines Krankenhausaufenthaltes, seine Mobilität. Sein Überlebenswille und seine Unabhängigkeit führten einen Kampf gegen seinen gealterten Körper. Seine Mobilität bedeutete für ihn sein Überleben. Mein Vater sagte stets: „Ich will mein eigener Mann sein." Er redete es meiner Schwester und mir aus, als wir wollten, dass er näher bei uns wohnt. Er sagte, er wolle uns nicht zur Last fallen und wollte „seinen eigenen Weg gehen." Evy und ich sagten ihm, dass er uns stresste, indem er so weit weg von uns wohnte. Unser Vater erlaubte es uns nicht, ihm zu zeigen, wie sehr wir ihn liebten, anstatt es ihm zu sagen. Wir wollten ihm Liebe, Pflege und Respekt in seinen letzten Tagen geben.

Als mein Vater immer schwächer wurde, machten mein Mann Danny und ich uns sofort auf den Weg nach North Carolina. Wir waren erst ein paar Tage dort, als die Einrichtung aufgrund der Pandemie keine Besucher mehr zuließ. Sie begrenzten die erlaubten Besucher, um eine Verbreitung des Virus innerhalb der Einrichtung zu verhindern. Ich konnte genauso gut die Pflege meines Vaters von daheim nachverfolgen. Wir machten uns also wieder auf den Rückweg. Entlang unserer Route waren alle Raststätten wegen der Pandemie geschlossen.

Ein paar Wochen später wurde mein Vater krank und Krankenhäuser ließen keine Besucher mehr zu. Auch meine Bitten halfen nichts, da das Verhindern der Verbreitung des Corona-Virus Priorität hatte. Als mein Vater später wieder in der Einrichtung war, konnten wir ihn noch immer nicht besuchen. Als er in ein Hospiz überstellt wurde, erlaubte es mir weder mein Rheumatologe, noch mein Hausarzt zu fliegen oder mit dem Auto eine so lange Strecke zu fahren. Mein Vater besaß ein Festnetztelefon und ein Handy. So war ich beinahe die ganze Zeit mit ihm im Kontakt. Mein Vater konnte mir noch bis zu den letzten vierundzwanzig Stunden seines Lebens antworten. Als Pflegekräfte ihm das Telefon an das Ohr hielten, sprach oder sang ich zu ihm. Selbstverständlich weinte ich auch unkontrollierbar. Er sagte in Polnisch: „Ich hab dich lieb, bitte weine nicht."

Evy schaffte es schließlich von Florida in die Einrichtung, um bei ihm zu sein, als unser Überlebender seinen Körper aufgab. Mein Vater verließ diese Welt im wahrsten Sinne als sein eigener Mann.

Die Pläne für seine Beerdigung hatte er selbst gemacht, um die Zeit herum, als meine Mutter starb. Was wir jedoch nicht hatten vorhersehen können, war, dass alle Notverordnungen aufgrund der Pandemie zwischen den verschiedenen Bundesstaaten variierten. In New Jersey waren große Versammlungen nicht erlaubt, auch nicht für Beerdigungen. Beerdigungen, so wie wir sie vor COVID kannten, existierten nicht mehr. Aus diesem Grund waren bei der Beerdigung meines Vaters nur fünf von uns anwesend, direkte Familie und ein enger Freund. Es gab keine anderen Rituale, die Teil der Trauerbewältigung sind.

Ich trauerte bereits lange vor seinem Tod und trauerte auch noch lange danach weiter. Meine Eltern wären wütend und enttäuscht gewesen, hätte ich weiter geweint und getrauert. „Das Leben ist für die Lebenden", hätten sie beide gesagt. „Wir wollen, dass du lebst und das Leben genießt. Immerhin seid ihr alle beide unserer persönlicher Sieg über Hitler." Beinahe sieben Monate sind seither vergangen und ich bin noch immer traurig und habe meine Momente. Wenn wir lieben, riskieren wir große Traurigkeit und Verluste.

Mein Vater war ein Überlebender des Holocausts und mein Mann Danny beschrieb ihn dennoch am besten als 'immer bereit.' Mit Werkzeug in der Hand erschien er oft bei unserem Haus, um seine Hilfe anzubieten.

Wenn ich an glücklichere Tage zurückdenke, erinnere ich mich, wie er dazu kam, um mit unseren Hunden zu spielen. Er gab ihnen immer ein oder zwei Leckereien. Als das Reisen für ihn zu anstrengend wurde, nahmen wir die Hunde auf unsere mehr als sechshundert Meilen lange Fahrt mit. Er war immer überglücklich sie zu sehen. Egal, wo mein Vater in seinem Haus war, unsere Hunde folgten ihm ehrwürdig. Wenn er Mittagsschlaf machte, dösten unsere Hunde neben ihm. Ich sehe meinen Vater vor mir, wie er mit einem Lächeln auf dem Gesicht und seinem starken polnischen Akzent „Hello dowggies" (Hallo, Hündchen) sagte.

Als er sich den letzten Jahren seines Lebens näherte, verstand mein Vater, wie wichtig es war, seine Erfahrung während des Holocausts zu teilen. Viele der Überlebenden, die alt genug gewesen waren, um das Geschehene zu erleben und zu verstehen, waren bereits verstorben. Aus seiner Gruppe aus Polen war er der Letzte.

Jetzt liegt es an der Familie meines Vaters und zahllosen anderen seine Geschichte nicht ins Vergessen geraten zu lassen.

Bevor er starb, legte mein Vater seinen Hammer nieder und wurde ein Lehrer. Seine Lektionen bestanden daraus, was passiert, wenn Hass und Beschuldigungen außer Kontrolle geraten. Dieser Schrecken darf nicht mit ihm und den anderen sterben. Als zweite und dritte Generation haben wir diese Verantwortung. Als Leser teilen Sie jetzt die Verantwortung mit uns, Holocaustleugner eines Besseren zu belehren. Es ist wirklich geschehen. Leider gibt es noch immer Hass in unserer Gesellschaft.

Generationen sind miteinander verbunden und darum sollten wir freundlich sein und akzeptieren, dass wir alle verschieden sind. Ehren Sie das Vermächtnis meines Vaters und das anderer Überlebender. Sprechen Sie von den sechs Millionen Juden und Millionen von anderen, die ermordet wurden, nur weil sie anders waren. Sprechen Sie von unseren amerikanischen Helden, unserem Militär, die ihr Leben gaben, um die Ideologie eines Verrückten aufzuhalten. Sprechen Sie darüber, wie ein Land, das als Geburtsstätte von Kultur gepriesen wurde, in den 1940ern versuchte, die jüdische Bevölkerung Europas auszulöschen.

Mein Vater wollte sein eigener Mann sein. Und das war er auch. Einige werden bei dem, was ich sagen werde, nach Luft schnappen. Eines Tages sah mich mein Vater an und sagte: „Debs, wie lange sollen wir diesen Hass tragen? Ich denke, es ist Zeit zu vergeben." Mit Überzeugung in seiner Stimme sagte mein Vater: „Es ist Zeit zu vergeben, aber – verstehe mich nicht falsch - ich werde es nie vergessen!"

Wenn Sie an meinen Vater denken, hoffe ich, dass es mit einem Lächeln auf Ihrem Gesicht ist. Er war mehr als nur ein Holocaust-Überlebender. Er war ein Zimmermann und ein Pädagoge. Er war mein Papa. Der Mann, auf den man sich spontan verlassen konnte. Der Mann, der sein eigener Mann war und über Belastbarkeit Bescheid wusste. Er fragte sehr wenig von uns: „Niemals vergessen."

Für meinen Vater

Er wurde alt und er wusste, dass die Welt davon erfahren musste. Lügen, heißt es. ES IST NIE PASSIERT. Niemand kann so grausam sein.

Er wurde alt und die Wahrheit war tief in seiner Seele vergraben. Es musste zum Vorschein kommen und die Welt es erfahren.

Sechs Millionen starben, um ihren G-tt zu ehren und Millionen andere mit ihnen, weil sie angeblich nicht gut genug waren.

Viele kamen zusammen, um gegen Grausamkeit und Wahnsinn zu kämpfen. Sie verloren ihr Leben im Namen von Old Glory.

Er wurde alt und er wusste, dass seine Geschichte erzählt werden musste. Lasst uns niemals vergessen, dass wir alle in den Augen unseres Erschaffers perfekt sind.

Er wurde alt und er wusste, dass seine Erlebnisse erzählt werden mussten. Er ging in sich hinein und die Geschichte ward endlich erzählt.

Er erzog seine Kinder nicht nach Aussehen und Rasse zu urteilen. Schaut in Anderer Herzen und Seelen, sagte er.

Die Sonne ist untergegangen und seine Geschichte erzählt. Es liegt an euch, seine Geschichte zu teilen.

- Deborah Donnelly, Dezember 2020 (Epilog) und Juni 2020 (Gedicht)

Gedenkstätte Kathe Brodt

Gedenkstätte Hank Brodt

FOTOS

Hank in 1948

Hank als stolzer US-Soldat (1951)

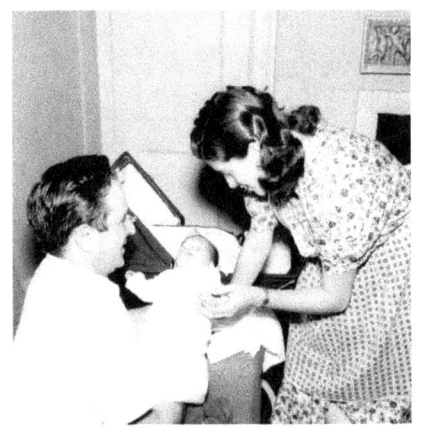

Hank und Kathe mit ihrer neugeborenen Tochter Evy
(1954)

Die Familie Brodt: Deborah, Hank, Evy und Kathe (1961)

Hank und Kathe tanzen auf der Hochzeit von Evy und Stuart (August 1976)

Hank und Kathe lächeln, trotz schwerer Zeiten (November 1977)

Hank mit seinen Töchtern Evy und Deborah, als sie davor sind, das Haus für Deborahs Hochzeit zu verlassen (Juli 1988)

Deborah und Dans Hochzeit (July 1988). Von links nach rechts stehend: Bruce Slome (Holocaust-Überlebender), Bernie Slome, Hank, Wayne, Deborah, Dan, Evy und Stuart. Von links nach rechts sitzend: Ruth Slome, Kaitlyn und Rozzi Slome

Hank mit Familie und Abe (Holocaust-Überlebender und Freund aus der Heimatstadt), zweiter von links stehend. Auch anwesend sind Rozzis Eltern, Norbert und Sophie Kugel (beide Holocaust-Überlebende)

Hank mit seinem Neffen Emil und dessen Frau Julia in Israel (2008)

Hank mit seiner Enkelin Kaitlyn auf deren Hochzeit (Juni 2012)

Evy, Hank und Deborah auf Kaitlyns Hochzeit (Juni 2012)

Rabbi Fred Guttman und Hank teilen eines ruhigen Moments auf dem Warschauer Friedhof, während des Marschs der Lebenden (2014)

Hank und Oleg während eines Besuches in Israel in eine Konversation vertieft (2014)

Hank besucht seine neugefundenen Familienmitglieder in Israel (2014)

Hanks 90. Geburtstag mit Alex aus Israel und Tochter Deborah (Dezember 2015)

Hank mit seinen Enkelkindern und Ehepartnern auf Wayne und Miriams Hochzeit (März 2016)

Hank Brodt und seine Tochter halten seine Memoiren (Januar 2017)

Hank Brodt singt die Hatikvah, die israelische Nationalhymne, bei der Krakauer Philharmonie im April 2018 (hinter ihm Ron Dermer, Israels Botschafter in den USA). Foto von Ivan Cutler © Mit freundlicher Genehmigung des International March of the Living.

Hank Brodt singt die Hatikvah, die israelische Nationalhymne, bei der Krakauer Philharmonie im April 2018, Foto von Ivan Cutler © Mit freundlicher Genehmigung des International March of the Living.

Leider verstarb Hank Brodt am 22. Mai 2020. Skizze für seinen Gedenkstein, entworfen durch Koch Monument, Hackensack, New Jersey

EINE NETTE BITTE

Ich hoffe aufrichtig, dass Sie die Erinnerungen meines Vaters lesenswert fanden. Es wäre sehr nett, wenn Sie eine kurze Rezension hinterlassen könnten. Diese würden helfen, den Erinnerungen meines Vaters zu mehr Aufmerksamkeit zu verhelfen.

Vielen Dank im Voraus!

Deborah Donnelly.

Bei Fragen zu Vorträgen
wenden Sie sich bitte an mich:
Acandleandapromise@gmail.com
Nehmen Sie bitte für alle anderen Anfragen (Bücher oder Manuskripte des Autors)
Kontakt mit der Verlegerin, Liesbeth Heenk, bei info@amsterdampublishers.com auf.

www.ingramcontent.com/pod-product-compliance
Lightning Source LLC
LaVergne TN
LVHW021237080526
838199LV00088B/4549